心一堂彭措佛緣叢書・索達吉堪布仁波切譯著文集

《二規教言論》淺釋

全知麥彭仁波切　原著
索達吉堪布仁波切　漢譯及講解

Śūnyatā

書名：《二規教言論》淺釋
系列：心一堂彭措佛緣叢書・索達吉堪布仁波切譯著文集
原著：全知麥彭仁波切
漢譯：索達吉堪布仁波切
責任編輯：陳劍聰

出版：心一堂有限公司
地址/門市：香港九龍尖沙咀東麼地道六十三號好時中心LG六十一室
電話號碼：+852-6715-0840　+852-3466-1112
網址：www.sunyata.cc　publish.sunyata.cc
電郵：sunyatabook@gmail.com
心一堂 彭措佛緣叢書論壇：　http://bbs.sunyata.cc
心一堂 彭措佛緣閣：　　　http://buddhism.sunyata.cc
網上書店：　　　　　　　http://book.sunyata.cc

香港及海外發行：香港聯合書刊物流有限公司
地址：香港新界大埔汀麗路三十六號中華商務印刷大廈三樓
電話號碼：+852-2150-2100
傳真號碼：+852-2407-3062
電郵：info@suplogistics.com.hk

台灣發行：秀威資訊科技股份有限公司
地址：台灣台北市內湖區瑞光路七十六巷六十五號一樓
電話號碼：+886-2-2796-3638
傳真號碼：+886-2-2796-1377
網絡書店：www.bodbooks.com.tw
台灣讀者服務中心：國家書店
地址：台灣台北市中山區松江路二〇九號一樓
電話號碼：+886-2-2518-0207
傳真號碼：+886-2-2518-0778
網絡網址：http://www.govbooks.com.tw/

中國大陸發行・零售：心一堂・彭措佛緣閣
深圳地址：中國深圳羅湖立新路六號東門博雅負一層零零八號
電話號碼：+86-755-8222-4934
北京流通處：中國北京東城區雍和宮大街四十號
心一店淘寶網：http://sunyatacc.taobao.com/

版次：二零一五年八月初版，平裝

定價　港幣　　九十八元正
　　　新台幣　三百九十八元正

國際書號 ISBN 978-988-8316-49-6

序

　　《二規教言論》所講述的是如何在賢善人格之基礎上更進一步修持佛法的道理，客觀、公正地說，在能取、所取未消融於法界前，本論都可稱得上是任何一位佛教徒在修行過程中必不可少的一部指導聞思修的寶典。若以之對照時下大多數修行人的實際修持狀況，我們就會發現，儘管一些人從學佛之後完全拋開了所謂的世間八法，但同樣也有相當多的形象修行人，整日只知希求名聞利養，反而把佛法大義徹底扔在腦後。能按照本論所說，在佛教教義統領下不違世間合理規則、認真做人、嚴守人規的人，確實已寥若晨星，而違背世與出世之規範的人則越來越多。

　　以法王如意寶晉美彭措為主的眾多高僧大德都對此論非常看重，他們一再要求所有有緣佛弟子都應精研並實修此論，由此我們即能看出《二規教言論》在當前所具有的積極與重要意義。

　　至於此論所宣講的主要內容，則可以論中的一首偈頌概括如下：「正士高尚行為者，樹根妙慧與穩重，樹莖有愧不放逸，樹枝正直誓堅定，樹葉知恩為利他，樹花信心發放施，樹果安樂及聲譽，此等缺一不可也。」此頌以大樹為喻，宣示了正士必須具備的十種人格基礎，以及由此而得到的兩種善果，全文也即圍繞著這些

問題展開論述。它將做人所應注意的方方面面，以高度精確性的語言作了歸納宣說，若能將之融會於心，行者定不會違越佛規與世規。

早在1998年，本人就為部分四眾弟子傳講過這部殊勝論典。如今，不知不覺間，五年的光陰就已從身邊悄悄溜走。這五年當中有太多的變故發生在我們周遭，物是人非的變遷有時真讓人有種如在夢中般的恍惚感。這樣的生存實際，令人不得不感慨佛陀所揭示的生活實相全都能在現實中找到它們的一一對應之處。

鑒於此論的切實性與對當下修行者的指導意義，今年年初，我又將此論宣講一遍。此次講授過程中，有些道友通過錄音磁帶將我的講解整理成講記，而五年前亦有人曾將當時的講授整理成文字本。兩相結合，終於有了現在這本《〈二規教言論〉淺釋》的出爐。在事務眾多、手頭工作非常繁重的情況下，忙裡偷閒，我將此文稿大致校對一遍，發現基本上沒有什麼錯謬之處，故同意將之付梓出版。

總而言之，希望一切願用生命體證佛法的修行者，都能用心體會麥彭仁波切於此論中流露出的不共智慧與切切悲心，並能將二規精華落實到自己的實際操持中來，如此方能在種種規矩之中徹見自由的本來面目。另外，本人也從內心至誠祈禱三根本：願所有見聞觸到此法本的同道，不論是今世抑或下一代的有緣眾們，都能

在其心相續中自然生起穩重、智慧等善妙功德，並進而
圓滿二利、終證菩提！

索達吉

序

目　錄

《二規教言論》淺釋

目錄

《二規教言論》淺釋

全知麥彭仁波切　著

索達吉堪布　譯釋

一、總論

頂禮本師釋迦车尼佛！

　　此論名為《二規教言論.積聚天德之寶》。「二規」也即佛規與世規，藏文本中原來並無「二」字，只名《規矩教言論》，但基於此論所宣講者乃為佛規與世規，故我按其實際意義將之譯為《二規教言論》。

　　「教言」，即教誡之言語；「論」為通稱，凡是具有改造（自相續之煩惱）與救護（眾生）之能力的文章、論著等都可稱之為論，總起來說即指宣說世與出世法的一種教言。所謂「積聚」，是收集聚合之義；「天」指諸佛菩薩或高僧大德的加持；「德」指人天福報；「天德」合稱既可指出世間與世間的一切功德，又可指諸佛、護法神及天人的加持；「寶」指如意寶，意謂此論如同如意寶一樣，只要精進聞思修行，即可

1

獲得世與出世之一切福德，並終得諸佛之加持而證悟成就。如果不能精通、圓融世間與出世間法，則無法如理修持，亦不能得到加持而最終證果。故對如意寶般之本論，應精勤祈禱與學修，這樣一來，不僅今生能得利益，而且生生世世都將受益不盡。

憶念何者能開啟，二規智慧寶藏門，

一切諸佛慧藏者，文殊勇士護汝眾。

憶念何者能幫助我們開啟世間與出世間智慧這扇寶藏大門呢？當然是三世諸佛殊勝智慧之伏藏者——文殊智慧勇識，因他恆時都在以悲心護持輪迴中一切無依無靠之眾生，並經常賜加持予後學者。

高僧大德或世間一些有能力及威望者，之所以所做之事極易成辦，皆因他們都具有殊勝無比之智慧。而作為凡夫的我們在處理一些事情時，卻常常無法得心應手，並為此深覺苦惱，這都是因為我們缺乏智慧的緣故。為了自相續中能生起殊勝的智慧，大家應晝夜精勤祈禱大智文殊菩薩賜予加持。如能獲其加持，則不僅自利有望，還能利益天邊無際眾生。

於此世間應讚處，即謂聖天與世德，

猶如磁石吸鐵屑，諸君若欲得彼二，

則於此說善教言，當閱並思其深義，

思已對此起深信，如理行持彼之義。

在此世間中，人人都應讚歎的兩種法，即是聖天與

世德。就像磁石可以輕而易舉地將其周圍的鐵屑統統吸附過去一樣，同理，諸位如果想要獲得世與出世間的圓滿功德，就應仔細閱讀本論所宣說的甚深善妙甘露教言，接下來還應如理思維此論含義；認真思考、抉擇之後，本論內容即可融會於心，那時相信大家必會對此論生起殊勝解信。此後即應如理如法地行持其中之義，也就是說應該在此教言的指導下身體力行。

所謂世德是指世間的一些福報與功德；聖天即謂諸佛菩薩、護法神的加持，或指出世間之功德。具足如是功德者，人人都會生起羨慕之心並加以讚歎。那麼這種功德又是如何生起的呢？作為修行者，我們只有得到上師三寶以及護法神的加持，才能將修行境界快速提升上去。假若行者人格不善，則上師本尊及護法都會遠離，其修行亦不可能取得成功，因此說賢良之人格實為入道之基礎。

而本論所講述的正是如何打好人格基礎以及如何獲取世與出世之智慧與功德的道理，若真能依言奉行，用不了多久，相信你的心相續就會有所轉變，人格也會越來越善妙，修行亦會節節增上。故大家理應認真聞思並修持此《二規教言論》。

《二規教言論》淺釋

　　　世間行為總分二，高尚以及卑劣行，
　　　高尚之道現來樂，卑劣之道現來苦。
　　雖然人們的行為千姿百態、各不相同，但總體而

3

言，世間一切行為還是可大略分為兩種，即高尚行為與卑劣行為。若行操高潔，則今生來世均可享受安樂之果報；若行為卑劣，則不唯現世中要感受痛苦，來生還得繼續承受痛苦之惡報。

儘管從本性來說，人人都不欲遭受痛苦，但若行為不如理如法，安樂又從何而得？故欲求安樂者，必須認真研修此論。

> 下品高尚世間規，上品高尚聖者道，
> 世法即是佛法根，若無世間高尚行，
> 則彼始終不通達，殊勝佛規及證悟，
> 如無樹根即無莖，或如無福即無財。

高尚行為亦可加以分類：如理行持世間法者為下品高尚；聖者高僧大德等賢聖之道則為上品高尚行為。世法乃為佛法之根，如果沒有高尚的世間行為，則此人始終不會通達殊勝佛規之內涵並取得證悟，也即是說他將不可能擁有出世間的高尚行為與境界。就像沒有樹根，樹幹肯定不會產生一樣，無因又哪裡會有果的誕生。或者就像那些無有福德的人，他們也不會擁有眾多財富，即使稍稍得到一些，也不可能自在享用——要麼被偷竊，要麼家裡發生變故或親友生病，好不容易得到的一點錢財頃刻就被花光用盡。

此處所謂的世法，並不是指世間中做生意、貪著名利等言行舉止，而是指賢良的人格。如果不具足高尚之

一總論

世間人格，則此人在佛法上也不會取得殊勝證悟。《格言寶藏論》、《寶鬘論》等論典中都曾強調過人格的重要性，法王如意寶晉美彭措上師在《勝利道歌．天鼓妙音》中也說過：「言行恆時隨順友，秉性正直心善良。」故培養賢善的人格對所有修行人來說都極為重要，否則修法絕難獲致成就。六祖大師亦說過：「佛法在世間，不離世間覺，離世覓菩提，恰如求兔角。」這首偈頌依然在說明世間賢善人格等善法的不可或缺性。因此說為求解脫，我們必須首先建構起自己的賢善人格。

> 此等士夫之次第，雖無他人作分析，
>
> 然將世間高尚行，分為上中下三品。

行持高尚行為的次第，雖說沒見到過其他高僧大德對之所做的分析，但麥彭仁波切還是在這裡將世間高尚行為分為上中下三品。

麥彭仁波切以其殊勝無比之智慧將世間高尚行為分為三種，以此類推，我們也可將學佛者分為三種類型：即從見解與行為上分，學密法者為上品高尚行為者；學大乘顯教者為中品高尚行為者；學小乘者為下品高尚行為者。

> 此等世眾愛安樂，恆時唯有求自利，
>
> 除聖者外諸士夫，無有其餘之所求。

世間上的這些眾生，都喜歡追求安樂，他們無時無

《二規教言論》淺釋

刻不在求取個人利益。除了少數聖者以外，其餘眾生再無其他可求之事。

以之對照我們自身的生存實際就會發現，居住在寂靜道場上的修行人，大多都是為修學佛法而來，很少有為求安樂而安住於道場上的。但大城市裡的情況就不同了，在那裡你只能見到熙熙攘攘、川流不息的人群，只能聽到一片甚囂塵上的討價還價的刺耳之聲，以及從錄音機裡傳出來的各種沸反盈天的音樂。在城市嘈雜喧鬧的環境中，被欲望奴役的人們四處奔走，其目的無非是為了使生活過得更安樂舒適一些。除此之外，他們再無其他的生活目標。而聖者菩薩們卻不為自己求安樂，他們一心想的都是如何利益他眾，如云：「不為自己求安樂，但為眾生得離苦。」他們即如是以大無畏的精神行持利樂有情的菩薩行。

> 然由前世業所感，有人獲得勝財富，
> 有人不幸病所纏，嗚呼當觀眾苦樂。

雖然人人都希望得到安樂，但並非每個人都能如願以償，因眾生的苦樂榮辱與自己前世所造之業密切相關。

由於業力各不相同的緣故，有些人不需要精勤勞作，自然就能獲得殊勝無比之財富；而有些人雖然勤求不息，並因此而費盡心機，但因他們前世未積累善根，故而今生無論如何努力也不得發家致富。不僅如此，這

些勞心勞力者還往往不幸纏身，他們經常都會被病苦侵擾，恰似雪上加霜一般，這些人實在是苦不堪言。嗚呼！大家都應多多觀察三界眾生在輪迴中遭受的痛苦與安樂。

回過頭來再看看我們修行人自身：有些人一直精進修行，因而智慧確實在年年、月月甚至日日增上。他們不能說已消盡煩惱，但其內心之困擾已不大能明顯表露出來，而且其所擁有之財富也算圓滿，經常都處於法樂之中。但有些人不唯智慧淺薄，人格也不好，他們的內心常常被煩惱充斥，生活亦處於貧困狀態之中，這些全都是自己的業力所致。

雖為業力所縛，奈何凡夫眾生卻不了達此理，反於輪迴貪執不休並因此而備受苦痛，這是多麼可悲的事啊！

　　　無食空腹之痛苦，等同無譽之意苦，
　　　何人若有名譽德，彼之財食如泉湧。

貧窮者因為沒有飲食，故需經常感受食不果腹之苦，但某些具足財富者，因為沒有得到名譽，內心同樣痛苦難忍。不論何人，如果具有名聲美譽的話，則眾人皆會對他供養禮讚，此人面前的財富、飲食將同泉水湧出一般，汩汩而來，自然充盈。

窮困者就像乞丐一樣，整日為飲食而懊惱生憂；富貴之人，比如一些經理、官員，儘管表面看來財富圓

滿、住房寬敞、出門以豪車代步、夜夜笙歌達旦，但因其在政治生活、個人生活方面，或其他一些領域內未得到名譽及公眾認可，所以心裡經常會感到痛苦失落，甚至連覺都睡不踏實。世間人不論貧富，總在飲食、名利等方面追逐不休、耽著不已。

不過若是出家人的話，情況就有所不同了。真正的出家人對於名聲從無希求之意，他們只知少欲知足，觀世間八法如夢如幻，在為眾生之利樂而精勤修持佛法的過程中，他們心中感受到的只有快樂。

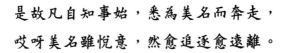

是故凡自知事始，悉為美名而奔走，
哎呀美名雖悅意，然愈追逐愈遠離。

所以世間凡夫從懂事時開始，各個都為了美名而四處奔走。哎呀！美名雖然令人悅意舒心，但當我們絞盡腦汁追逐它時，卻總是與之擦肩而過。

反觀自身，大家理應明白，學佛後我們的追名逐利之心能稍微放下一些，但在接觸佛法以前，與世間人一樣，我們整天幹的都是些追求名利之事：上學時未當上班長、學習委員就很傷心；考試沒考好，心裡便很難受，甚至連飯都不想吃；參加工作以後，如果沒取得一定的職位，內心更是痛苦不平……

追求名聲就像孩童追逐彩虹一樣，其結果只能是愈追愈遠，終究了不可尋。比如國內外一些假冒高僧大德者，妄說自己是什麼大活佛，具足無礙神通等功德……

總之，這些人用盡了一切手段伎倆拼命宣傳自己、包裝自己。有些愚笨者在剛開始時可能會對這些假冒大成就者崇拜、恭敬不已，但過不了多久，絕大多數信眾就都會識破其本面並因此而離開他們。

有些世間中之官員亦復如是，即便能以種種手段暫時博得一些名譽與聲望，但隨著時間的流逝，他們的假面依然會被民眾無情地戳穿。這真令人可憐、可嘆，美名的確是愈追愈遠。

> 彼之理由此宣說，往昔福報淺薄故，
> 猶如漢茶過濾器，留住垢穢漏精華。

世間人為什麼奔走不息，但卻終究得不到自己所渴盼之財富、名聲？此中道理下面就展開宣示：

根本原因即在於過去生中所積累的福報非常淺薄，故而今生當中才諸願不遂。如同漢茶過濾器一樣，用一個濾網就可將茶葉廢渣留住，而茶的精華則全部漏下。

世人亦如是將過去世所積之善根福德用盡，只留下往昔所造之惡因。而此等惡因恰於今生成熟，眾生便不得不感受種種相應之痛苦。所以，今生所行諸事不能如願者，切莫怨天尤人，當知這一切皆是自己親身所造。為了來生能享無邊歡樂，今世應精勤懺罪，廣積資糧，如是行為方為自己所應努力之方向。

> 父母上師長老等，利己人前不報恩，
> 護法諸天恥笑彼，失卻助伴如僵屍。

《二規教言論》淺釋

有人所做之事不易成辦，經常遭到違緣，這是為什麼呢？即因為他對自己的父母、上師以及長老等，一切對自己有過恩德利益的人不行報恩所致。這樣的話，即使他天天祈求護法，護法聖眾亦不會幫助他，反而會對這種忘恩負義之人恥笑不已；而一旦失去天眾的助推，一個人就會變得像一具僵屍一樣，沒有任何人願意瞥上一眼。

　　父母對自己有養育之恩，他們含辛茹苦地將我們撫育成人。若不仰賴父母的恩德，我們將無法存活於世；上師為出世間之聖者，引導自己趨入佛門，走向解脫，使自己永離生死，得到究竟安樂，其恩德實已勝過諸佛；而長老們則為自己的行為楷模，不論智慧、功德，他們均超勝自己，理應成為自己恭敬愛戴的對象。如果在此等具大恩者前不知報恩，反而認為自己父母這也不好、那也不行，或者認為上師沒有絲毫功德、長老們的智慧還不如自己，那只能說明你是一個不孝之子及無有慚愧者。

　　護法本來對每個人都會竭誠相助，使其願望能得以滿足，但因為你對父母上師等恩人不恭敬、不報答，所以他們都會對你加以恥笑，因而不可能再對你進行饒益幫助。這樣的話，你所做的事情當然無有獲致成功之可能。

鮮廉寡恥且輕視，今生來世之因果，
言談發誓難足信，見證智者心生厭。

有些人不僅鮮廉寡恥，還輕視因果；他們說話也很不可靠，經常信口開河、信誓旦旦，但其所發誓言及賭咒之語又往往不大可信，因此，連為他作見證的具智者也會對之生起厭煩心，於其所說不再生信。

無論從世間法還是佛法的角度來看，一個人都必須知慚識愧。知道羞恥之處，此人才能算是一個正常人。但有些人恰恰對惡業不以為羞，他們把他人對自己的一切評價全都當作耳旁風，並以此種作風作為特立獨行的個人標誌。不過這種人並非已證悟無分別之境界，他們只是不知慚愧而已。正因為頭腦中缺乏善惡概念與標準，兼以輕視因果，故此類人不論殺生、邪淫等惡事，幹起來都肆無忌憚。他們只求今生能生活得愉快、能吃飽喝足就足夠了，哪管什麼來世墮入惡趣等後果。世間人對這類人都不滿意，護法善神則更無需說。

至於發誓，原本也是樁很莊嚴的事，不論藏地漢地都對之重視有加。藏族人對發誓尤其謹慎，他們往往都會以三寶、《大藏經》或拉薩覺沃佛像作為發誓之對境。不論天大之事，只要一發誓，他人便都不再說三道四。然而這種人卻很輕易地就發下誓言，發過誓後，他們又常常毫無顧忌地背棄誓言，這樣的人怎能不讓具智者生厭呢？

顛倒利害隨意行，得勢諸天亦役使，

失勢恭敬怨敵故，守神戰神皆不悅。

有人經常饒益你，分明是你的恩人，然你不但不報恩，反而對他平常待之；亦有人經常惱害你，而你卻天天幫助他；一旦有了能力，居然可以把天人也當作僕人一般來役使；對這種不知恩怨者，他的護法神、戰神（男眾、女眾身上都有戰神）都不會喜悅，也不會對他進行幫助。

如果一個人的證悟境界很高，真的做到了怨親平等，則此種作為就很值得人們隨喜讚歎；如果遠未達到此種境界，則如此修為只能說明此人是一個顛倒利害者，是一個壞人。所謂壞人，就是對善待自己的恩人與損害自己的仇人缺乏分辨能力的人，這種人經常隨意而行，不知取捨：當恩人遇到困難時不予幫助，對怨敵倒很勤快地跑前忙後。其實，這並非是因你具有了菩提心的緣故，而是由你對怨敵的害怕所致。

世間人往往對上級很是恭敬，但對下面的群眾，即使是非常善良的人他們也敢欺侮。而一旦自己失去地位、勢力，他們又可以對自己的怨敵表現得非常恭敬。反之，若這些人處於飛黃騰達之時，則諸天人也會被其踩在腳下。

雖然佛法從總體來看，一直在要求我們不應報仇，不應有分別念，但以法王如意寶為主的諸傳承上師都強

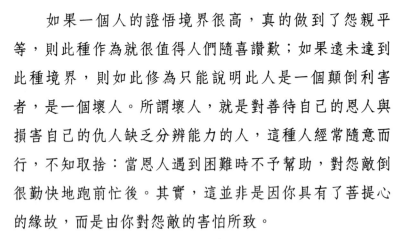

一總論

調說，所謂學佛之人不應報仇，是指在修證上應做到恩怨平等，但在現象上還是應了知好壞。

> 不敬三寶信心微，彼於人前及人後，
> 為事先後不同故，護法諸天意生厭。

對三寶不恭敬，而且信心也很微弱；對周圍人的態度前後反差也很大，經常當面一套、背後一套；或者當面答應之事，過後就不算數；還有些人在做事情時，開頭很積極，但做到中間或結尾時就不認真了，恰似虎頭蛇尾一般。很多護法、諸天都會對這種人生起厭煩心，如果我們想得到護法的護持，那就應該言行一致，表裡如一。

> 違盟無恥非法行，所獲財食無愧用，
> 不顧閒言惡語故，身神肩神皆消遁。

有些人格低劣者經常背棄盟約、違背誓言，對於依靠違盟、無恥與非法行所獲取的財物食品，沒有任何羞愧心地隨意享用，同時也不顧忌他人的閒言碎語。這種人，其身上的護神與肩神都會遠離。

小人往往先在他人面前發誓、賭咒，說自己一定要成辦某事，但過後卻並沒有依之而行，這就叫違背盟誓。上師、三寶相對於諸天來說是更為嚴厲的對境，依之雖做小善也可得到大果報，反之亦然。若為了博得他人之信任而在上師三寶面前發下誓言，過後一旦違盟悔誓，則等於欺誑上師三寶，其果報將非常嚴重。所以對

自己沒有把握的事情，千萬不要在上師三寶面前隨便盟誓。

菩薩知慚知恥，而有些愚人卻不知羞恥、任意妄為，這些無有慚恥者將一概得不到佛法甘露。如果自己證境很高，那倒無有妨礙；若本身還有執著，此時就必須要有羞恥心。所謂非法行，是指不如法的行為，如偷盜、殺生、邪淫、妄語等惡業，皆屬於非法行之範疇。做了種種非法行，還覺得這樣做很應理，這些行為都不像是有智之士的言行舉止。所以我們做事之前理應如是觀察思考：「這樣做了之後，他人會不會提出非議？」然後再無悔而行。

一般來說，不論男女，每個人身上都有護法神、肩神，經常對你進行保護，在你未死之前他們也不會離去。但如果你無恥違盟、做非法行，身神便不再會保護你，他一定會離你而去。而肩神則為一般的世間神，男眾的肩神在自己右肩上，女眾則在左肩上。若人說話頗具感召力，此時即便不對亦有人願聽，這種現象就與此人的肩神有關，尤其是關鍵時刻的話語，肩神會起到很大的幫助作用。但若你不如法而行，肩神亦會遠離。身神肩神都離開後，則你做何事都不易成功，諸不吉祥之事倒會經常發生。

故為一切吉祥圓滿、所願成辦，大家都應斷除上述種種非法之行。

一 總論

他人財富圓滿時，自心無端感刺痛，

恆時譏毀眾人故，依怙神眾無力護。

有些心量狹窄者，見到其他人財富圓滿、具有聲譽威望等，自己內心就很不高興；這種人還非常喜歡譏毀他人，一開口便說別人過失；如果自己內心不調柔，煩惱深重，那麼依怙神眾也無有能力護持你，因惡業太大故。

心胸狹隘者經常都會想：「為什麼他能得到這麼多財富，而我卻一無所有？如果他由富變窮那該多好啊！」這類人在無任何理由的前提下，心裡無端就會生起煩惱，就好像心中擱著一把刀子，感覺非常刺痛揪心。又比如當考試成績沒有他人高時，這些人心中同樣痛苦難熬，他們會覺得：「既然我們智慧相差無幾，憑什麼他的分要比我高……」如是心中煩惱如火，甚至因此連飯都不想吃。正因為此類人嫉妒心極強，故他們除了無端感受因別人的成功而來的自我損惱外，還經常會詆毀他眾，似乎不譏毀他人，自己就無法活下去一樣。

如此彼等之因緣，摧毀自續之福德，

如人住於不淨地，雖求百千天龍尊，

然欲親近極難為，爾時有人如此說，

哎呀吾輩多祈誦，何故於事無稍利？

為什麼上面所列舉的那些人諸事不遂呢？因為他們以種種因緣，譬如違背誓言、不敬父母、非法而行等惡

劣之事而將自相續中的福德摧毀殆盡。沒有一定的福德，任何人做何事都不會吉祥，也不可能成辦。譬如有人住在不淨池中，雖然殷勤祈求百千數的天龍尊降臨，但因天尊、龍尊都性喜清潔，不樂染污不淨之所，所以即使想親近你且對你加持，但因你住於如此污穢之地，天龍尊亦近前不得，故只能望「池」興嘆。同樣，雖然你經常念誦祈請，但因無有福德，因此很難得到加持。此時也許有些人會說：「哎呀！我們經常對您祈求念誦，為何護法不加持我？為何對此事毫無助益？」當知此是自己業力深重且祈求方法不對所致，應當廣積福德，等到相續清淨時，再以信心祈請，那時自會得到加持。

> 濁時眾生福報淺，平時行為不善巧，
> 受彼報應當了知，汝應莫作諸惡行。

此處宣說為什麼天天祈求護法神，但所做之事卻不能成辦的原因。

此原因有二：一是在五濁興盛時期，因惡業強盛，且眾生在前生所積福德淺薄；二是平時不注意自己的行為，即不如理而行，行為不善巧，故現在才感受這種做事無法成辦的報應，對此理應如是了知。

從此以後，希望大家不要再造作諸惡劣之行為，如果行為如法，則護法一定會保護你。

士夫多數望自身，積聚一切勝福德，

　然不了知無其根，如同瘠地播種子。

　　大多數士夫都希望自己能夠積聚起一切殊勝的大福德，但他們卻不了知自身條件具備與否。沒有根源怎會積聚福德？如同癡人在貧瘠的土地上播撒種子，妄想得到豐收，這樣做別說豐收了，恐怕種子都難以收回。

　　同樣，若自己不具足條件，譬如人格不賢良、對因果無信心、對三寶不恭敬……單單日日祈求護法相助，如此行事當然不會積聚福德。此頌也間接講述了如何祈請護法神之竅訣。

　　擁有智慧福德者，自然具足諸功德，

　　若具功德則諸天，不求亦將自然集。

　　如果相續中擁有殊勝智慧與廣大福德，此人自然就具足諸多功德；若具足此等功德，則天眾護法不需祈求，亦將自然會聚其前，恆時予以保護。

　　此處所謂之功德亦非單指利益，而是指學問、德行、品質、人格等各方面的功德利益。法王如意寶也常說：「如果你善事做得很圓滿，則無需天天祈求，護法神自會常常前來護佑。」這就是他自己的德行感召所致。故欲求護法護持，首先就應改進自己的人格。

　　何人表裡為一致，所發誓願極堅固，

　　眾人於彼亦歡喜，諸天喜之何須說。

　　不論何人，如果能做到表裡一致，當面所說與背後

17

所說一樣，口中所說與心裡所想不違背，言行如一，且所發眾誓猶如石刻一般，不會輕易改變，或如山王一樣極其堅固，則可將其稱為誠實之人。這樣的人任何人都不會欺誑，因其性情比較可靠，故眾人對他也比較歡喜滿意。如果凡夫都可以了知其秉性的話，護法天神具有天眼之故，當能更明顯地察知彼等為人處事之特點，對他自會歡喜有加，這是一定的事。因為天人素喜善行，不喜惡行。

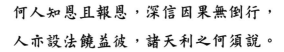

何人知恩且報恩，深信因果無倒行，

人亦設法饒益彼，諸天利之何須說。

不論何人，如果能了知他人對自己的恩德，而且不忘報恩，正如俗語所說「知恩不報非君子」，並且對因果也深深信受，知道善惡各自有報，不會虛耗，因此不顛倒而行，即不誹謗因果、不違背因果、懂得如何取捨因果。這樣的人，眾人都會想方設法對彼作饒益之行，至於諸天護法就更不用說了，對他肯定會有所利益。

知恩非常重要，相對來說也較容易，但報恩就比較困難。不過不論將來能否回報，有一顆回報恩德之心也非常難得。比如法王如意寶從建院到現在，大約十七、八年的時間裡，不論颱風下雨、嚴寒酷暑，始終不間斷地在為大家傳授佛法。這期間，有緣眾生從法王那裡聽聞的顯密法要實在難以計算。他老人家所傳一句法的恩德，若我們以三千大千世界為容器，內裡遍盛黃金為供

養，也無法報答其恩德之萬一！如何回報上師之恩？唯有對上師的言教依教奉行，精勤聞思修行，將來因緣成熟時再去弘揚佛法，這才可算略報一點兒恩德。

何人勇敢不脆弱，親怨悲恨不顛倒，

國王亦為護如眼，諸神護之何須說。

在世俗社會中，如果有人無論做什麼事，都有敢於承當、無所畏懼的勇氣；且意志堅強不脆弱；對於親怨悲恨一點都不顛倒，正所謂受他人滴水之恩，當以湧泉相報；或他人無端恨我、打我，我也毫不客氣地據理力爭。如是之人國王亦對其器重高看，對之如護眼目，不會輕易欺負；諸天神更會敬重保護，此理無需再說。

而脆弱之人卻意志薄弱，不要說做大事，甚至天冷時，他們早晨穿衣服都會感覺痛苦異常。我們不應如此脆弱，應該勇敢堅強。

雖說出家人應依沙門四法如理而行，對別人不能報仇，但也不應該如同石頭一樣，對別人的打罵與損益毫不在乎，這種人修法一般很難獲得成功。我們應從道理上明白他人對自己的危害、利益，從而善加取捨：遠離惡人，親近善士。如是而行，則天人亦會前來保護，自己修法也會順利成功。

一切所取所捨事，人前雖可保密之，

於天卻難保密故，欲得成就誓為主。

對於一切所取所捨之事，不論是已做或正在計劃之

中，在人眾前均可以保密，但在天眾面前，因天人具有天眼、天耳等神通，所以想隱瞞也無法隱瞞下來。我們每個人要想獲得成就，關鍵就在於誓言堅定。

比如若自己做了偷盜、殺生等惡事，恐他人知道後告發，故可保密不說。但若想瞞過天人眼目，則純屬癡心妄想，他們一定會洞穿自己的一切秘密。

如果不重視誓言，且輕易就毀壞誓言，如已受皈依戒，但仍天天殺生，則失毀皈依戒。這樣一來，護法天眾也不會高興，當然不會再護持你；上師三寶也無法加持你，因你自己已毀壞自相續，破法器當然無法再盛接甘露佛法。是故不論在人前人後處，做事均應表裡一致，不能違背誓言而行。若能做到這一點，則一切上師三寶的加持都會融入你的心相續中，護法也常來擁護，如是修行必速得成就。

何人發誓語堅定，成辦大事具慧力，
諸天於彼亦生懼，餘眾畏之何須說。

無論何人，如果他發誓言時，語氣非常堅定，如同山王一般不可輕易改變；即使獻出生命也不畏懼；在成辦大事之時，具有很大的智慧與能力；所有違緣障礙都可全部消除；最終定能成辦所做之事。這樣的人，諸天眾亦會對他生起敬畏之心，認為此人非常厲害，至於一般眾生對他的畏懼就更不必說了。

如文革期間，有些出家人寧捨生命不捨三寶，這就

20

足見其誓言之堅定。再比如釋迦佛因地為國王時，曾發誓布施一切，此廣大善行令帝釋天也畏懼不已。如是我等佛子，亦應隨學聖賢，發堅定誓言，且表裡一如、不懈修持。這樣就不會受到別眾的危害，並能順利成就菩提。

> 是故一切護神眾，居堡即為自身心，
> 當掃不淨惡行塵，陳設善行之供品。
> 其後雖未常祈求，自然聚會諸天神，
> 猶如大海集海鷗，或如蓮苑聚蜜蜂。

此頌宣說了修持護法神之竅訣。

通過上面所說的道理，我們已明白了事情能否成辦的原因所在。一切護法神，不論世間或出世間，都有一個安住之堡壘，也可說為無量殿，這就是自己的身心。如果身心不調柔，被惡行所染污，則護法神也會生起厭煩心並最終離開。反之，若房中打掃得很乾淨，布置得也比較悅意，還陳設上種種供品，那麼無論是誰都願意在此居住下來。如是自淨己意、斷惡行善之後，即便自己沒有不間斷地念誦、祈禱，但所有護法天神自然而然就會聚匯一處，對你施以保護。猶如在美麗的大海上，自然會有成群的海鷗聚集飛翔；或如在花園中，只要鮮花盛開，不用召喚，蜜蜂自然就會聚集此處。

自己的身心如同一間屋子，是護法神的所依及安住之處。我們的住屋中如果到處是垃圾與破爛，自己首先

就會煩惱不堪，不願在其中安住下去。同樣，護法又如何肯在如此污穢不堪的身心宮殿中居住？他們必然會離你而去。如此一來，失去了強有力的幫助者，僅憑自力何能成辦一切難事？如是我們理當常觀自心，力求去除惡行，具備賢良人格，諸如誓願堅定、無倒行持因果等，此就如同悅意之供品，護法神自然會生起歡喜心，並經常於其中安住，自己當然也就得到了護法神的加持與保護。

經常行持善法者，護法神必定恆時不離其左右。比如法王如意寶在學院中，經常都親供護法，但外出弘法時卻未必如是。雖不行供養，但因他老人家的所作所為，一切都是為了無邊眾生之利益，所以護法神必定聚集在他身邊，片刻不離地進行護持。如是只要自己清淨身心，具足善行，護法自然集聚護持。所以說，我們供養、祈禱護法神誠然重要，但更重要的是要清淨身心的垢染，且積累善行。

何人若有神所護，則彼以其獨自力，

堪與成千上萬眾，所有力量相匹敵。

何人若擁有天眾與護法神的保護，則此人僅憑自己的個人力量，在與成千上萬人對陣時，亦可立於不敗之地。

雖然你本人能力有限，但因有護法神的護持，故所說之語他人聽後不會起厭煩心，一定會認為你說的完全

在理，並進而對你恭敬有加，如同平凡者對待君主一樣。你欲成辦之事，他人也不會或無能力製造違緣，所以諸事皆可順利成辦。如果沒有護法神的護佑，那你自己再努力也很難完成所欲之事，他人也不會對你恭敬愛戴。所以護法神對我們非常重要，無論成辦世間或出世間之功德事業，他們都會起到十分巨大的幫助作用。因此，我們需經常對格薩爾王、三大護法以及紫瑪等如海護法作供養祈禱，如果我們的身語意之造作皆能轉為善業，自力他力相結合，則一切利生事業都能圓滿順利。

若天垂手予提攜，自亦登上善行梯，

則彼真實能享受，利樂譽之無量殿。

此為以喻說法。如果天眾護法神從上垂下手來拉你，而你自己也已登上善行之階梯，兩者和合，你便可以真正享受利、樂、譽之無量殿。

雖然利樂譽等為世間八法，出家人不應貪求，但如能善加利用也可成為修法之助緣；若完全沒有，此對修法亦會帶來一定障礙。比如利養，如果自己一點兒都沒有，那麼單求法這一項都會變得很困難，因為自己畢竟還需要飲食、衣服等物，暫時還無法將之完全捨棄。再看「樂」，佛法中亦講安樂，若整天愁眉苦臉，無一點兒快樂，修行也不易獲致進步。還有名譽，佛教僧團中也有一些學位等名位，如果對此一點也不重視，萬一搞壞了名譽，自己修行上也易遭受誹謗等一些違緣；如果

名聲很好，那麼就可以利用此名聲做一些利生事業，如勸他眾放生、誦經等，此時名譽不也成了修行的一種助緣嗎？所以，這一切全在於自心的把握，如能善加利用，不但對自己無害，反而會成為修行的增上緣。

> 追逐福德不得之，因彼福德勝妙樹，
> 穩固不移挺拔於，高尚行為之因中。

世間凡愚不知端正自己的行為，反倒以種種非法行去追逐福德財富，這就如兒童追逐彩虹一般，最後的結果只能是可望而不可及。福德如同一棵殊勝善妙的如意大樹，穩固不移地挺拔於高尚行為的因地中。

如果我們行為如法，則一切福德自然就會在相續中存在，不需勤求，一切財富自然匯集。若無高尚行為，那麼再精勤求取福德也無濟於事，因無因不會有果。即使好不容易得到一點兒，但因行為違法⑨此千辛萬苦積聚而成的財富也不會擁有很長時間，它們馬上就會被消耗殆盡。所以說欲福德久遠，首先就應端正自己的心相續，行持高尚之行為。

> 濁時眾生福德淺，是故智者極罕見，
> 雖勸行持高尚行，實際秉持極難為。

五濁興盛之末法時代，眾生福德極為淺薄，故具有智慧的高僧大德也罕見應世。對這些可憐的眾生，雖以種種方便法勸化其行持高尚行為，但因眾生不知取捨，難懂因果義理，即便相似聽懂一些道理，但在實際生活

一、總論

中能依法行持、把道理融入行動的卻微乎其微。

　　佛在世時，大乘菩薩、小乘聖者以及通達三藏之大智者非常多。即便以佛涅槃後的唐朝為例，當時，漢傳佛教的八大宗派同時興盛，高僧大德成批湧現，如六祖惠能大師、玄奘大師、窺基大師、道宣律師等大智者皆名震一時。再看藏地，遠的不說，僅以麥彭仁波切在世之時為例，諸如蔣揚欽哲旺波仁波切、貢智仁波切、列繞朗巴大師等有智慧者亦層出不窮。但環顧當今時代，除了我們的大恩上師法王如意寶晉美彭措、貢唐仁波切、清定上師等少數有智者以外，像以前那種高人輩出的局面已了無覓處。

　　再看普通世人，大多數百姓整日只知為積累財富而奔波勞累，無有真實希求智慧學問者。在他們中間，實在難以誕生出願以生命體證佛法終極智慧的人物。不僅如此，此等不明是非之流還把殺、盜、淫、妄等惡行整日掛在口頭、心間，並樂此不疲地落實在日常生活中。這正應驗了那句俗話：「好行為三年學不會，壞行為三天便學會。」在這種時代大氣候下，能隨學智者高尚行為的人當然寥寥無幾。

　　　古人大德之二規，眾人對此不重視，
　　　甚多惡劣眾生中，高尚之行鮮有聞。

　　在如今這個惡業深重的末法時代，古人以及高僧大德所留下的高尚行為準則，如佛法與世法二規，現在的

《二規教言論》淺釋

眾人認為它們均已過時，故一概不予重視，反覺其平常古舊。再看看時下眾生的所作所為，大多都是些非法惡行，諸如賭博、卡拉OK等，都是些損傷人心志向的惡法。在這種時代潮流影響下，行持高尚行為的人當然就如鶴立雞群一般鮮有聽聞。

如儒家流傳數千年的仁義禮智信等道德信條，對社會人心就很有助益，而高僧大德所制定的二規，與世間法根本就不相違背，它們非常圓融完美。但可惜的是，現在不僅少有人遵照執行，連對之略表重視的都不多見。人們普遍認為古人行事呆板，跟不上時代潮流。但我覺得像魯迅先生、沈從文先生、巴金先生等依古人之規行持的文化巨擘，始終都應是文藝界乃至普通民眾的行為楷模。

這種忽視二規的情況一路發展下來，現在甚至連住旅店都令人膽戰心驚，因為經常有一些妓女出入於旅店，故出家人往往不敢進住其中。至於普通民眾則開口閉口都是錢，只要能賺錢，他們可以不擇手段地運用一切方式，甚至連自己的父親都敢欺騙，完全沒有一點仁義道德可談。故我們才提倡重視古人與大德所制定的規矩，同時對古代傳統、文化也不應廢棄，而對現代人那些在毫無意義的分別念支配下的所作所為則應盡量遠離。

在眾多惡劣眾生中，自己行持高尚行為會非常顯眼，比如我們出家人為了弘揚佛法、普度眾生而行持的

高尚之行，經常都會被其他人當成是精神不正常的舉動，讓他們覺得非常不順眼。相反，世俗人對那些整日殺生、賭博的行為，卻趨之若鶩、競相仿效。這真是一個愚昧顛倒的世界！

> **雖此大地滿惡人，然自當持高尚行，**
> **如是行持則自己，自然功德圓滿成。**

此處宣說一殊勝竅訣修法。今此大地上可謂惡人充盈，但無論如何，我們都不應隨順世間愚人之行，而應以聖者大德之規規範自己的行為。果能如是，則不論世間暫時利益，還是出世間無漏功德，我們都能自然而然地圓滿獲得。

值此五濁興盛之時，眾生煩惱深重，相續難調難伏，他們不知取捨善惡，把非法看作是正法並加以行持。故而殺生、偷盜、妄語等惡業，做起來無所顧忌，並形成一股惡業之潮。如果你的所作所為與他們不怎麼一樣，這些人便會覺得你非常愚笨。

但我們始終都應如蓮花一樣，儘管生長在淤泥中，卻能不受染污，出離淤泥且盛開清淨的花朵。就像我們的本師釋迦牟尼佛，一心只想著利眾，從未隨順過世間愚人自利之行，這樣才獲得了無上菩提。如是自己亦應追隨先賢大德的足跡，依上師之殊勝竅訣如法行持。

了知此理後，我們就不應隨順愚人行持非法，一定要按大德之法規行持高尚之行。

《二規教言論》淺釋

正士高尚行為者，樹根妙慧與穩重，

樹莖有愧不放逸，樹枝正直誓堅定，

樹葉知恩為利他，樹花信心發放施，

樹果安樂及聲譽，此等缺一不可也。

學佛首先應具備賢良人格，若人格不善，不要說學佛，連世間法都很難成辦。故法王如意寶亦經常強調人格之重要，在《勝利道歌》中他老人家就如是說道：「言行恆時隨順友，秉性正直心善良。」在《教誨甘露明點》中，法王亦做了類似宣說。

而人格之好壞，完全可以從他的行為中看出來。人格很好的正士總是恆時行持高尚之行，至於高尚之行則主要表現在以下幾個方面，下文即以如意樹為喻，大略宣說一番。

大樹之生長要依賴樹根吸取營養成分，若樹根已壞則整株大樹必定枯死，如是正士之根本則為妙慧與穩重；再看樹莖，它在大樹的成長過程中，扮演的是輸送養料的角色；而樹枝挺直才有利於樹木生長，所以我們也應該正直公平且需要有慚愧心；有了愧心還需不放逸而行；除此之外，正直之士還需當面與背後之行為相同，且誓言堅定，不會輕易改變，就似樹枝輕易難以彎曲一般；至於枝葉則可遮擋陽光，我們也應知他人之恩德，並且行利他之事業；樹花喻應該具有信心，經常發放布施。以上十種品性為做人之根本，後即以樹果喻安

樂及聲譽，指若如上所說行持下去，定會獲得安樂與聲譽。

樹根牢牢扎在泥土裡，因為根深之故，所以不會被風輕易拔起。同理，若不具備做人之根基的賢妙智慧，不知取捨善惡之行為，則不會成就任何高尚品行。有了一些智慧後，如果不穩重，猶如牆頭草隨風倒，最終亦會失壞行為，故大家理應為人穩重。

除此之外，若無慚愧心，行持非法時也不會在意。不論佛法還是世間法，無慚愧則不易成辦任何事情，故追求高尚行為之士還需知慚有愧。另外，一個人若經常放縱自己、散漫放逸的話，他做起事來往往就會三天打魚兩天晒網。還有，作為一名正士，必須品性正直、立場堅定、性情穩固可靠，如果今天行為如法，明天行為又很不如法，這樣也不會成為正士。此外，欲求安樂及聲譽之高尚者，尚需具有知恩圖報、利益他眾、信心穩固如山王，以及慷慨布施等性格、行為特徵。

上面宣說的所有要點，若欲成為一個高尚之士，就必須一一遵照執行。

我們若想成為高潔之士，就應該認真聞思此論，並將其中教言牢記心中，且如法行持。持之以恆之後，不久的將來，自己一定會成為具有賢良人格的高尚人士。高尚行為只要精進學習行持，沒有做不到的，故應努力學修此論。

以下次第詳細宣說：

二、智慧

所謂妙慧即智慧，即是無誤取捨者，
若無如眼此智慧，則彼無有其餘德。

此處所說的妙慧即是指智慧，也就是指無誤取捨善惡因果的能力。能進行取捨之智慧就如同人的眼睛一樣極其重要，是人最根本的稟性之一，若沒有智慧，則其他功德也不會具足。

在家之人，比如做生意者，也必須擁有相應的智慧——諸如首先應觀察經營什麼物品可以賺錢、在經營中會不會有違緣、若有違緣應如何妥善處理等等。如是詳細觀察後，方可投資經營，這樣才會使生意興隆、財源廣進。作為一個學佛者或出家人，自己更應對自己的行為仔細觀察——會不會與戒律相違、會不會對解脫產生障礙……以智慧反覆觀察取捨後才可以行事，如是才能圓滿功德。

智慧對於人的重要性，就像樹根對於整棵樹的生存所起的作用一樣。大樹的生存之基全賴其根，若無樹根，則樹葉、樹花也不會有。《入菩薩行.智慧品》中云：「此等一切支，佛為智慧說。」餘論中亦有云：「五度如盲，智慧如眼。」故修習佛法時，智慧極其重

要，若無有智慧，則很容易走入邪道；有了如眼之智慧，則能明了取捨，並終入佛法正途。

　　　彼亦取捨一切事，需先詳細而觀察，
　　　世間眾生之遭殃，皆從未知未察來。

　　具有智慧之士，在對一切事物進行取捨時，首先需要詳細觀察。而愚者卻不同，世間凡愚之眾經常無緣無故地遭受一些災殃違緣，其原因何在呢？即是不進行觀察而魯莽行事所感召的惡果。

　　關於智者和愚者的差別處，《格言寶藏論》中有如是宣說：「必定發生之事前，對此研究則分清，智者愚者之差別，事後觀察即愚者。」《量理寶藏論》中亦云：「愚者信許後觀察，智者觀察後信許。」如是智者在做事之前進行觀察，而愚者卻是事後才觀察。若經過觀察而行，則可以減少很多不必要的過失與違緣。比如我們外出辦事時也需要觀察：「天會不會下雨？今日是否為休假日？……」又比如自己修建房屋時，首先應觀察地勢：「所在之處是否為風口？陽光照射程度如何？修建於此處有無違緣？……」

　　經過詳細觀察後再去做事，就很容易取得成功，即使不成功自己心中也不會後悔。愚者卻恰恰相反，他們事前不觀察，事後往往叫苦不迭。比如對法律不了知者，不知道殺人要償命，因一時衝動而造下殺人之過，等到執行死刑時再後悔已晚矣。又比如在依止上師前，

一定要對上師進行觀察，看他有無悲心、戒律是否清淨、對佛法是否精通等。若不觀察就依止，一旦上師不具足條件，所行非法，則自己亦會受到染污，並因此而白白浪費了暇滿難得之人身寶，且錯過解脫之機會。所以我們理當隨學智者，在做任何事前都要進行詳細觀察。

或由年齡未成熟，或是孤陋寡聞者，

自己往昔所做事，亦有眾多自所笑。

觀察雖是智者之行為，但其中也有眾多差別：或許由於當時自己年齡未成熟而考慮不周全故；也可能是因為與外界接觸少，孤陋寡聞，知識面狹隘的緣故。所以自己以往所做的事情，當時儘管覺得很應理，現在看起來卻不大合理合情，有很多地方自己都會感覺幼稚可笑。

比如孩童之時，經常與小朋友們一起堆沙玩，一旦自己的沙屋傾倒，自己就會很難過並放聲痛哭，如今再回想起來不免莞爾一笑。再比如藏區牧場上的孩子，來到小縣城後，見到一些商店、人群，就會覺得人太多了，而且很多好看好聽的事物都令人有種應接不暇之感，他們甚至會懷疑是否已來到了極樂世界。等到長大之後，去的地方多了，便會明白自己當年的淺薄。

很多人在剛接觸佛法時，往往會來到上師面前說道：「請您給我傳法，我一定精進修持並力爭迅速成就！學成後馬上就回漢地度化眾生，若不成就則永遠也

二　智慧

不回去。」但沒過幾天，有些人沒和上師告假便悄悄離開了，也許是已經成就了吧！

如是自己年輕時或見識淺薄時所做的事情，待到年齡與智慧成熟後，想起來自己都會覺得很可笑。

是故於諸善惡事，見多識廣極為要，

尤其大國大政規，廣見多聞亦為要。

所以對於一切善惡之事，若欲辨別明了，見多識廣就顯得極為重要。尤其在大國之中，對於大的政規方面，廣見多聞亦非常重要。此乃殊勝教言，法王如意寶在講法時也經常引用。

抉擇世間法或取捨因果時，對於善惡之區分需要廣大見識。哪些事情可以做，且不會違反國家法規或戒律；哪些事情不能做，若做則必受法律或護法制裁；我們求生極樂世界，哪些方面的行持可以成為往生助緣，如布施、持戒等，而有些惡業，如謗法罪等，若做則成為往生之根本障礙，故應注意防護不犯。如此等等，若沒有廣聞多學，見識必定狹窄鄙陋，那就只能坐井觀天，執著己見。比如一些地方有些風俗習慣，如逢年過節要殺雞宰豬供奉祖先等，在學習佛法者看來，這些舉措非但對祖先無益，更會因此而造下極大惡業——自他將來都會因之而感受惡報。但這些人因為見識狹窄、愚癡且受蒙蔽故，還認為自己的所作所行如理如法。

再看某些大學生、博士生等，以世間觀點而言的確

《二規教言論》淺釋

比較有智慧與見識，但因從未學習過佛法的緣故，所以若以佛法的角度衡量，他們都是些見識狹窄、不知究竟解脫生死的門外漢。還有，寂靜道場上的很多出家人，長年累月地聞思佛法，可以說見識較廣，而大多身處鬧市紅塵中的僧人，因在聽聞佛法方面比較欠缺，故只能念幾個心咒、佛號而已。但他們自己，還有一些居士卻覺得這已非常了不得了，只有在真正接觸真實修行人之後，他們才知曉自己的狹窄無知。

二、智慧

尤其在地域廣大、人口眾多的大國內，了解政治就顯得尤為重要，千萬不要以為自己是出家人就可以漠視政治。我們畢竟還生活在這片土地上、生活在這個國度裡，若不了解政治，不聽些新聞等時事要聞，則對國家形勢就會一問三不知。除了應了解國內外大事外，修行人最好還應懂點兒法律常識。若不懂法律，則很容易在不知不覺的情況下違反國家律法，等真的受到懲罰時再後悔已沒有任何用了。

不過，這樣說也絕非鼓勵大家天天都聽新聞、苦學法律等世間知識，只是點明這些修學可以作為我們學佛的輔助，平時稍微涉獵一些就足矣。修行人還是應該以聞思修行為主，這才是我們的主要任務與職責。

　　一旦胸懷極寬廣，接受好壞諸事時，
　　方能位列正人中，是故廣見極為要。

通過長期的廣學多聞，一旦自己的胸懷如大海一般

寬廣無比，能接受一切好壞的事物，此時方能使自己位列正人之中，所以說廣見多聞對我們來說極為重要。

比如我們初學佛時，剛剛學到一點佛法的皮毛，往往就會認為佛是實有的，並祈禱實有的佛能賜予自己實有的加持。又或者認為學佛只可以使自己打開世間智慧之門且不受病苦等，這些觀點都可謂眼界極為狹窄。等受了五戒之後，有些人又會對身體之造作非常重視，但對於自己的心卻一點兒也不照看，還覺得自己持戒精嚴，但實際上這只是執持名相而已，對於開遮持犯等方面根本不能從本質上搞懂。不過通過聞思修行，心量逐漸擴大，對從顯宗共同到密宗不共之觀點逐漸了解後，才像站在高山之上俯瞰群山一樣，把九乘教法了然於胸，同時對下乘法門也絕不會輕視，對任何宗派都不會誹謗，這才算了知了佛陀教法之圓融無礙。具有如此廣大見識之時，方可算是一個真正的佛教徒，那時他的一切行為都會如法而行，絕不會違規違矩。所以說廣見在佛法修證中占有非常重要的地位。

《二規教言論》淺釋

> 由此具有智慧者，考慮長遠之利益，
> 平時目光極遠大，發起廣大殊勝心。

因為有廣見故，所以具有智慧之人，不會只著眼於眼前的蠅頭小利，而是會把長遠利益放在考慮的首要位置。他們的目光極為遠大，也就是說較常人看得更為高遠，目標亦更為宏闊。他們還發起廣大殊勝之菩提心，

力求滅盡往昔所造惡業，誠心希求最究竟快樂之佛果。

　　而一般愚笨之人，只知考慮當下利益，今天有了幾個錢就開始肆意享受，根本不為明天打算。又或者年輕時放縱輕狂，只要有吃有喝，哪怕去偷盜也心甘情願，從不為未來作打算，正所謂：「今朝有酒今朝醉，管他千秋與萬代。」

　　對稍有智慧者而言，他們不僅僅要考慮現世，同時還要為自己來生的去處做好準備。正因為此類人深信因果，知道造惡業會去三惡趣感受痛苦，所以他們才精進於行善止惡、嚴持戒律，絕不會為當下的微利而精勤造作。故我們也應高瞻遠矚，且發起廣大殊勝之心，並努力成辦自他究竟之利。

　　　狹慧目光短淺者，成辦自他之諸事，
　　　雖為精勤果極小，猶如孩童造土房。

　　智慧狹窄、目光短淺之人，在成辦自己或他人的一些事情時，雖然非常精勤、賣力，但所取得的成果卻很少，猶如兒童們造土房一樣，收效甚微。

　　比如若因擔心地上沙石傷害腳部，淺慧者就會非常精勤地以地毯去鋪滿整個大地；而有智者卻只把一塊地毯墊在腳底，就可以不受傷害。如是無智之人，目光短淺，雖為了後世之安樂而廣行善事，但因無善巧方便故，所以所造善業只能一次性成熟果報；而有智者卻以菩提心攝持善業，結果使此善果乃至獲得無上菩提之間

生生世世都可享用不盡。淺慧者之所作所為就猶如孩童花了很長時間建起的土房一般，一股大風或一陣大雨便可將其毀壞無餘。因此說我們何時何地都應以希求智慧為主，若具智慧，則極易成辦諸法。

或多自己能了知，若不了知問智者，

當閱智者諸論典，思維愚智之差別。

或許多數問題自己都能夠以智慧了知，但我們畢竟不是一切智者，所以還是會有些問題搞不清楚。對這些問題就應該向其他有智慧者虛心討教，並經常閱讀智者所造論典，思維愚者與智者之間的差別。

智者具有深廣的智慧，他們對很多事物、問題都能從各方面進行觀察，因而得到的答案亦較為圓滿。尤其在知識積累方面，知之為知之，不知為不知，碰到不懂的地方馬上就會向其他智者詢問或探討，不恥下問是其在做學問方面非常突出的一種美德。而一般淺慧者卻不懂裝懂，不願向他人請教，深恐這樣做會降低自己的身分，因他們認為請別人解答問題實在是一件令人羞恥之事。其實這種態度只會被智者恥笑，並更加顯露出愚者的醜態。在《格言寶藏論》中列舉了很多愚者與智者的差別處，欲了知者可自行學習此論。

愚者喜歡看一些凡夫以自己的分別念寫出的世俗雜書，覺得這些東西很相合自己。而智者卻經常看一些所立之論相合實際真理的論典，一方面藉以增寬自己的知

《二規教言論》淺釋

識面，提高自己的智慧，一方面又可以從中探得人生、宇宙的奧秘。我們理應經常思維智者與愚者的差別之處，並觀察自己的所作所為為智為愚：若為智者，則應更加增上智慧；若為愚者，則應從此以後收回自己的愚者之相，同時調伏自己的盲目傲慢心態，並經常向智者們請教，閱讀他們闡發精闢的論著，且隨學智者之行為。這樣一來，總有一天，自己也可以逐漸步入智者的行列中。

> 如此行持則智慧，自然而然愈增長，
> 若其智慧愈增長，高尚行為亦隨增，
> 高尚行為愈增上，一切福德如泉湧，
> 其後年月日時中，自己獲得大進益。

二　智慧

如果依靠上面所說的方法，諸如閱讀智者之論典、向智者請教等如理行持，則自己的智慧自然而然就會愈來愈增長。如果智慧愈來愈增長，其道德品質亦會隨著增上。高尚行為愈加增上，則出世間之功德，諸如現見本尊、生起出離心、菩提心、證悟法性等，甚至包括世間之名譽、福德等皆會自然而然地生發增長。從此之後，因為具有大智慧的緣故，所以一年會比一年、一月會比一月，甚至一天都會比一天更超勝，自己日日夜夜中都能獲得很大的進步與利益。

天才畢竟是少數人的專利，大多數人還得依靠精進勤學才能得到智慧。世人之所以造惡業、損害眾生、行

為惡劣，就是因為沒有取捨之智的緣故；若具有智慧、明了取捨，則不會再繼續造作惡業，因為他明白惡業只會使自己在今生來世遭受更大的痛苦。而高尚的行為、善法，如放生等，則可使自己於今生後世感受眾多的安樂。所以智慧增上，其高尚行為亦會隨之增上；若高尚行為增上，則其福德就會像夏天的泉水一樣，東一處、西一處地日夜不停地從地下汨汨湧出。

由此可見智慧極為重要，一切功德皆從智慧而生，而智慧則依靠精進而來。知道此理後，希求智慧者理應日日夜夜精勤不懈地學習智者之論典。

於此世間萬物中，更無如己之愛重，
若不思維己過德，則與禽獸有何異？

於此世間萬事萬物當中，對任何事物的態度都不會像對自己身體那般愛重，如果不思維自己的過失與功德，則與禽獸又有何異？

凡夫從無始以來一直貪愛自身，對自己非常愛重。總體而論，眾人對任何事物的貪執都沒有超過對自身的執著程度。一般人都是美食自先享、錦衣己先穿，很少將自己的心愛之物先用以滿足他人，只有少數人能割捨所愛、施與他眾。不過，一旦情況緊急並已涉及到自己的生命安危，那就要另當別論了。平時無事之時，有些人也許會對父母妻兒、親朋好友信誓旦旦，發願捨身保護，但真正到了性命交關之時，又有幾人能履行承諾？

《二規教言論》淺釋

恐怕大多數人都會自顧其命，無暇考慮父母妻兒之安危，更談不上捨身救護了。

話又說回來，即便是愛護自己，在方式上亦有智愚之別。智者與愚者的差別很多，其中之一即在於是否善加觀察自己的過失與功德。有智之人，歷來都重視省察自己的功與過，從而力求減少乃至杜絕過失並增上功德，如是則可善護其身。如果不思維、觀察自己的得失功過，一切事情皆隨心所欲而行，此種作為與那些愚癡之旁生又有何差別呢？如鳥雀整日嘰嘰喳喳，得到一些剩米粒都能讓牠們歡呼雀躍不已，而犛牛等動物亦復如是，飽食終日，無所事事，甚至在遭到屠殺之際都不自知。作為一個人，如果不知觀察自己之功過，那又如何保護自身免遭損害呢？

真實愛重自身之人，應常以正知正念來審視自己的行為，了知自己的功德與過錯，並行持正士之行，如是才能算是有智者。

二 智慧

　　　乃至營商諸瑣事，亦需問他及自察，
　　　一生所取所捨事，不問不察豈非蠢？

如果對於營商等瑣碎之事，尚知仔細觀察並詢問他人，但對一生中所應取及所應捨之大事倒反而既不詢問別人亦不自行觀察，那豈非徹頭徹尾的蠢人？

稍有智慧者，對於世間一些沒有很大意義的小事都知道要向他人咨詢，同時自己也會認真加以觀察，比如

欲開商店做買賣者，他會首先到市場上向一些比較有經商頭腦的老闆打聽行情：諸如市場上哪些貨物走銷、哪些滯銷，以及進貨渠道、經營此類商品需辦理的相關手續等等。有的還會請看相士占卜打卦，預測此次經營是否順利、能否賺到大利潤等。除此以外，他自己亦依靠自身智慧反覆觀察，甚至對經營過程中有可能會發生的問題也預先做了周密安排、防範。而作為佛教徒，如果對於自己一生中最重要的事情，即在學佛過程中應如何抉擇因果、行持哪些善行、捨棄哪些過失等，既不向智者詢問，自己也不作任何周到觀察，那又如何能去除過失、獲得功德呢？如是之人豈不是很愚蠢嗎？他們就像某些旁生一樣，吃飽喝足後只知躺倒大睡，一生中渾渾噩噩，究不知生死為何物。

故大眾理應依止具相善知識，且明了取捨之事並精進行持，萬勿空耗人生。

《二規教言論》淺釋

　　　無過之士雖少見，若於過失知為過，
　　　則能斷彼所作故，將成猶如離雲月。

無有過失之士雖極為少見，但如果對於過失能知其為過，那就能夠斷除過失；此時之行者也將會如離開烏雲之明月般，成為整個世間之莊嚴。

在此世界上，恐怕難以找到斷證功德圓滿有如本師釋迦牟尼佛亦無有任何過失者！以世間人所崇拜者為例，別人眼中滿身光環的他們其實亦有種種過失，比如

郭沫若，儘管多有人認為他對中國現代文學做出過巨大貢獻，但其在「文化大革命」中的表現卻是舉世公認的他一生中的一大敗筆。再比如某些活佛、堪布雖智慧超人，行為也非常如法，但如果細究起來，還是會在他們身上發現一些小過失。對我們來說，如果大家都能知道自身的種種不如法之處，那就有可能自我反省並斷除過失。比如出家人若未曾學過戒律就很容易毀犯戒條，一旦學習了戒律，就會明白自己從前所犯過錯的性質及嚴重程度，從此以後即可有意識地避免再犯類似錯誤。

有人也許會問，過失為什麼可以斷除？因為過失乃造作之法，並非與生俱來，從根本上講，它的本性依然是無常，所以才可以加以改正並超越。比如有些人原本嗔心很大，但通過學習經論，他們了知了嗔心的過患，從此即自覺地時時提醒自己勿生嗔恨。如此行持之後，漸漸便可斷除嗔心。此時之心性就如月亮破雲而出，擺脫雲層的遮蔽後定能放出清涼之光。

二、智慧

不僅嗔心可改，別的毛病也可當下或漸次斷除。《親友書》中就曾講過，當年的難陀尊者剛開始時因貪心很大而不願出家，更不肯嚴守清淨戒律，後依佛陀之加持得以參觀天宮與地獄，因之才對輪迴徹底生起了厭離心，然後便開始精進修持，結果終證阿羅漢果位。

所以大家都應知過改過，以使自己的行為漸趨高尚。

圓滿諸德雖罕見，若於功德生欣樂，
且於彼德常串習，則將成為具德者。

　　圓滿一切功德者雖然罕見，然而若對於功德生起欣樂之意，且常常串習彼等功德，這種修行人也將成為具功德者。

　　世間中能圓滿一切功德、十全十美、無有任何缺陷者，唯有三界怙主釋迦牟尼佛才堪充任。除此之外，於此世間中恐怕極難找到這樣的完美者。很多大善知識、高僧大德，儘管內證功夫、境界已與佛陀無二無別，但在顯現上，雖然各方面功德都較圓滿，不過若與佛祖相較，還是有稍許缺欠及不圓滿之處。

　　我們藏族有句俗語：「無過之人找不著，無結疤樹尋不到。」但這絕不意味著大家可以放縱自己的過失，而是說我們對於自己的缺點應生起厭離心，對他人的功德要生起欣樂意，如是作為方能給自己帶來實際利益。但有些人在見到自他所犯的過錯後卻無動於衷、淡然處之，對之根本沒有生起絲毫的厭煩心，而對於那些喜歡聞思修及具有高尚行為者，他們又不以為然，沒表現出什麼親近感或隨學的欲望、舉動。這類人都是些愚昧無知之徒，其行為、智慧肯定不會有任何進步。

　　由於智慧的差異，不同人在行為等方面的表現大不相同。有智者說的話語往往與真理相合，因而人人都樂聽其言，並希望他能多講一些道理。在對他的言行深表

《二規教言論》淺釋

43

欽佩、嚮往的同時，眾人亦願效仿其行為。但愚蠢之人則說話囉唆，且所言大多為無意義之綺語，旁人亦不願聽，希望他少說為佳，最好閉嘴不言。他們的行為也多不如法，因此常受眾人指責。所以愚者的言行為眾所厭，智者的言行為眾所樂。我們雖然難見圓滿諸德者，但如果對於智者的功德，如精進聞思修、能背誦很多經論、理解眾多甚深教言等生起欣樂之心，則自己雖暫時不具有此等功德，但只要數數向此方向串習，久而久之，自己也必將具足這些功德。做任何事串習都很重要，如果自己稍有一些智慧，但卻就此止步，不再深入學習以使之增上，則此智慧日後定會被各種違緣摧毀。所以我們應希求智者之賢善行為與智慧，且數數串習，這樣定會逐漸成為具德者。

我們當中的一些道友，非常重視功德的養成、增上，他們常常行持種種如理如法之事以積功累德。若其能長期如是，日後必成高僧大德。

> 若於過失不知錯，爾時彼人常犯錯，
> 如是重蹈覆轍者，則滅前有之諸德。

如若不認識自己所犯的過錯，此時必會常常犯錯，如是重蹈覆轍之人，則會滅盡以前具有的諸種功德。

有些人比較愚昧，分辨不清過失與功德，往往將功德看成過失，真正的過失卻又當成是功德。比如末法時代的很多眾生，因不懂佛法，故常將學佛看成是愚夫愚

二　智慧

婦之舉，認為只有那些在世間混不下去，甚至連吃飯都很困難的人，才會出家學佛；又或者認為出家人可能是一時糊塗，才致走錯人生路。相反，愚者對殺生等惡行，反認為如此行持頗有大丈夫氣息，殺害別的眾生以滿足自己的口腹之欲沒有什麼大不了的。至於藏族人中亦有少數人染有一些不好的習慣，比如若家裡有兩個兒子，他可能會讓比較聰明的兒子做在家人，而讓比較愚笨、懶惰的兒子去出家，因為這個笨兒子給家裡帶不來預期的好處。這完全是一種顛倒、錯亂的做法，因連在家人都做不好又怎能成為好的出家人呢？故明智者應把有智慧的子女送去出家，如是才能對佛法有所助益，父母也會因此而享有很大的福報功德，同時也會獲得他人的恭敬、讚歎。

《二規教言論》淺釋

世間人大體如此，經常認不清過失，不知道是對是錯，因此他們還會一如既往地如此行持下去，這樣一來便會常常犯錯，以致形成惡性循環。而不懂戒律的出家人，因不知其行為已與戒律相違，所以也不會改正錯誤，故而只能一路錯下去。如是未能改正先前所犯的過錯，而是一錯再錯，這就是所謂的重蹈覆轍。這類人將會越來越往下墮落，最終便會將以往精進聞思修等的功德完全滅盡。

諸種過失之中最嚴重的就是生起大邪見，如是則對上師三寶亦會退失信心，且不再承認因果的存在，其戒

45

律亦會緣於此邪見而全部失毀。不僅如此，來世也將因此邪見而轉生於地獄中，感受難忍的燒割之苦。出家人因其有袈裟披身，所以一般還不太會也不敢輕易誹謗三寶，因此較難生起大邪見；而居士們的情況就大為不同了，他們與世人混雜一處，一旦生起邪見，便會毫無顧忌地公開誹謗三寶，所以居士更應注意照看好自相續與言行。

我們一定要認清過失並懸崖勒馬，萬勿使自己重蹈覆轍，應恆時觀察自己的三門，勿使其被過患染污。

修習功德越增上，如是過失越減滅，

處事渾噩不觀察，雖經百年無長進。

修習可使自己的功德越來越增上，如是則過失便會越來越減滅。若處理事情渾渾噩噩不知觀察，那麼即便活過百歲，也不會有任何長進。

修學佛法的過程就是一個增長功德、滅除過失的過程，通過聞思佛法，如果能了知貪執世間之過失並進而生起出離心，此功德就足以令自己減少對世間八法的貪執；若能生起大乘菩提心，則可滅除自己以往所造惡業。如是天天修習出離心、菩提心等，自己的功德決定會愈來愈增上，過失定會日漸減少。

就拿某些寂靜道場上的道友來說吧，剛到某個道場上時，他們中有的貪心比較重，有的嗔心比較大，有些則瘋瘋癲癲根本不注重自己的行為威儀。但因其上師的

二　智慧

諄諄教誨，再加上自己的精進修持，如今，他們的貪嗔等煩惱大半得以減滅，行為也變得比較如法。

在對治過失時，不要奢望一天當中就能使自己的行為有很大改變，不過只要精進不懈、持之以恆，經過一段時間以後，收效便會一點點浮現出來。因為過失與功德就如水火般直接相違，不可能同時並存於一個人的相續中。同理，智慧與煩惱也不可能並存，當智慧愈來愈增上時，煩惱肯定會愈加減少；若無有智慧，煩惱定會更加熾盛。《佛子行》中亦如是說道：「離惡境故惑漸輕，無散亂故善自增，淨心於法生定解，居於淨處佛子行。」這首偈頌明確告訴我們：到寂靜的森林中去修行，聞思修等功德即會增上，煩惱定會隨之而逐漸減輕。

如果渾渾噩噩地待人處事，那就像處於無記狀態中一般好壞不分，整日糊裡糊塗。這些人不知觀察過失與功德，每日只知吃喝玩樂，閒散度日，從不知奮發有為為何物。這樣的生存即使超過百年，也不會令人取得任何長進，更得不到點滴功德。我們這裡也有少數這類稀里糊塗之輩，他們到學院已經五、六年了，雖也聽了不少經論，但卻從不認真思維法義，如今且不說精通五部大論了，他們可能連五種智慧都不知所指為何！如此空耗時光，真令人為之扼腕嘆息！正如《水木格言》所云：「沉在水中之石頭，即便浸泡一百年，石頭裡面終

是乾。」

所以我們應精進聞思修行，增上自己的功德，勿使人身無義空耗！

若自相續增學問，昔過己者成同等，

昔同等者居其上，最終獲得極無上。

若自相續持續不斷地增長學問，那麼那些昔日超過自己的人就會漸漸被自己追上，自己就可以與他們並駕齊驅，而往昔與己等同者如今就會落在後面，如此發奮追趕下去，自己最終必將獲得極無上之位。

如果非常喜歡學習，且具有精進力，那麼相續中的智慧、功德與學問等就會越來越增上。這樣發展下去，一些在智慧、功德等方面過去超過自己的人，如今就會與自己平等無二。比如目前有很多人都在學習藏文，剛開始時有人學得很好，時間不長便已基本掌握了拼讀，於是便自認為現在已大略搞懂了藏語，能隨便讀誦藏文了。產生了這樣的念頭後，此人就開始懈怠不前。而原先比此人學得差的一些人，由於精進努力、拼命追趕，結果最終竟後來者居上，反而超過了那停步不前者。

再比如有些人雖然學佛時間較長，但卻未曾通達佛法大義；有些人雖然聞思的時間並不長，不過卻能精進修學，因此不但在短時間內背誦了很多經論，而且對佛法也生起了一定的信解，他們的修學層次就可謂已超過了前者。所以學佛不在時間早晚，而在於精進及好學與

二
智
慧

否，正如往昔釋迦牟尼佛因為精進而先於彌勒菩薩成佛一樣。

故我們理應經常觀察，並隨學好人之行為，摒棄壞人之言行。如是日日不輟，相續中的功德自會增上，以前智慧、功德等與己等同者，自己日後定能反居其上，如是再再精進而學修，最終必會獲得極無上之智慧與功德。

學問本無主人，誰精進誰便會獲得的更多，所以我們應精進求取智慧與學問。

> 若自相續增過失，猶如陡山之流水，
> 彼等下墮勢難擋，向上牽引無可奈。

《二規教言論》淺釋

若自相續徒增貪心、嗔心等煩惱或其他一些過失，如對上師三寶進行誹謗、妄說出家人之過失以及不信因果等，那麼此等人將會很快墮落、下滑，就猶如陡山瀉水一般，其勢誠可謂勢不可擋，想把他再牽引上來怕已很難做到。

可能很多人都觀賞過瀑布，其下流之勢非常凶猛，湍急水流瞬間即可直抵山下。藏族有句俗語說得好：「上去需要三年，下去只要三天。」此中含義即是指要對上師三寶生起信心，或者獲得一些功德，抑或想要精通一門學問，都需要花費很長時間。但相續若被一些過失染污，自己好不容易才生起的一點信心，剎那間即可被摧毀無遺。

比如欲做一名如法修行的出家人，首先就要學習戒律、威儀，並用很長時間逐步改正自己以往的過失與不如法的行為，這的確不易。但如果不想做出家人的話，只要脫下僧衣，換上一件在家衣服，馬上就能搖身一變成為在家人。所以想學好很難，而學壞卻很容易。並且只要開始了向下墮落的趨勢，如果不痛下決心、迅疾改過，則此下墮之勢必將無法挽回。如有人在生起煩惱時，嗔心之火當下根本無法壓制，他人怎麼勸都無濟於事，此時即便對他宣講再多的佛法道理，他也聽不進去，其相續此刻已完全被嗔恨占據，這些都是相續已被過失所染的後果。

　　因此欲斷除過失，不使自相續增上過錯，平時就應謹慎觀察並約束自己的言行。

　　　是故凡欲自利者，應當恆時精進行，
　　　斷除自續之過失，增長極大之功德。

　　是故凡欲利益自己者，應當恆時精進行持，力斷自相續中的過失，且不斷增長極大的功德。

　　大菩薩為了利益自他尚需披著精進鎧甲，行持六度萬行，與煩惱之敵作戰，我們若欲利益自他，亦應隨學聖者如是之行，時時刻刻不忘精進修持，以斷除自己之過。談到斷除過失，首先就要運用智慧分析自己到底錯在哪裡，然後就應尋找相應的對治方法，方法找到後依之行持即可斷除此過。在此過程中，一定要審慎觀察自

二　智慧

50

己的三門所行：身之行為是否如法，口之言語是否如理，心念是否隨貪嗔而轉。若不詳加觀察，很容易就造下過失。斷除過失後，還應使自己的功德日益增上。不過，不論斷除過失還是增上功德，都需要具有智慧，並且精進修行，如此方可成辦所欲所求。

所以大家應恆時希求無垢之智慧。

彼亦了知取捨要，故當歡喜諸正士，

及與正士之論典，恆常精進而修行。

彼等亦了知取捨之要點，故應歡喜一切正士以及正士所著論典，且恆常精進不懈地修持。

彼等必須了知取捨之法則：哪些事可以做，哪些行為不可以學，如是準則在諸高僧大德的論著中皆有宣說，所以我們應當對高僧大德等正士生歡喜心。一般人對高僧大德往往很害怕，不敢接近，這其中的原因多半是因為自己的很多行為都不如法，有很多過失，因深怕受到智者們的指責、批評，所以才不敢親近他們。但這些人卻非常喜歡與愚人交往，因愚者的行為與自己很相近或者說臭味相投，在他們面前絕不會顯露出自己的過失。這其實是一種愚癡的行為，如果不加以改正的話，我們永遠也別想斷除自己的過失。

所以應歡喜親近高僧大德，並隨學其善妙之行。同時對高僧大德們以智慧所造的論典也應生起歡喜心，且經常聞思，比如對無垢光尊者、薩迦班智達以及麥彭仁

波切等真正的高僧大德所造的論典，就應反覆研習，以增進自己的智慧。同時不看或少看世間人那些以分別念所寫的宣洩貪嗔等煩惱的無意義之書，大家都應如是精進修行。

總之，不論在世間法還是出世間法方面，如果想要功德圓滿，那就必須具有智慧，否則絕對一事無成。故眾人理應精進求取智慧。

以上已將有關智慧之內容宣說圓滿。

二　智慧

三、穩重

> 何為穩重之士夫，即是正直可信者，
>
> 若無穩重之勝德，則如水面之漣漪。

何者方能名為穩重之士夫？即是正直、可信賴者；如果不具備穩重這種殊勝功德，則其他功德即便暫時具有，亦會如水面漣漪一般，不可能長久存在。

此宣說穩重功德之內容，可從身語意等方面進行敷布。

什麼樣的人才稱得上是穩重的人呢？亦即穩重的定義到底是什麼？所謂穩重者即指正直、可信者。他們為人處事非常公平正直，且內心坦誠，足以信任。關於正直之品性，下文還將專門進行論述，這裡首先談談可以信任者。

一些人格穩重的善知識，你去依止他修學佛法，他任何時候都不會欺騙你，只會一心一意地饒益你；有些弟子非常穩重，上師對他傳講密法時就會比較放心，因其日後絕不會洩露秘密，對上師亦不會生起邪見。這樣的善知識與弟子便可稱之為穩重者。

如果沒有穩重這一殊勝功德，其他功德就很難具足。即使暫時生起一些功德，由於不穩重，很快也會泯滅。猶如微風吹動水面所現出的波紋一樣，頃刻就會消失；或者如空花水月一樣，因無有根基而立不起來。

修學佛法更需要具備穩重之功德。對於自己定下的

日課及聞思修方面的作業、任務，一定要有一個長期的考慮、安排，如果過了十餘年，自己的聞思修還是一如往昔般精進不懈，那時才可稱已具備了穩重的功德。若缺乏穩重的話，即使暫時擁有一些智慧，但此智慧定不會穩固增上，反而會漸漸消失。有些學佛者雖然現在很精進，但如果他們不是真正的穩重者，則難保日後此種人不會成為外道並捨棄佛法。所以我們首先應具備穩重的功德，在此基礎上再去圓滿其他方面的功德。

若具穩重雖無餘，亦能圓滿百功德，

若無世法此根本，則無餘法可希冀。

　　如果已經具備穩重之功德，此時即使無有其他功德，亦可憑藉穩重這一秉性圓滿其餘百種功德，若無此世法之根本，則其餘諸法亦無有希望獲得。

　　此偈已翻譯如上，不過藏文中尚有如果具有穩重之功德，則可代替其他功德的意思。雖然自己還未圓滿具備其餘諸種功德如智慧等，但因有了如意寶般之穩重品格，其他功德很快就可圓滿聚集。例如，有的人儘管智慧比較低下，但因其性格穩重，所以天天都能不間斷地學習經論，天長日久，其智慧定會越來越增上。同理，如果我們未能看到某些高僧大德顯現功德，但只要其言行穩重，則其人必已具備其他諸種功德。如果沒有一切世間法之根本，也即不具備穩重之德，則其餘的功德斷不可能完整具足。

　　有些人非常不穩重，這可能和性格有關。比如他們

三
穩
重

今天可能一時性起，拿起佛學書看上兩眼；明天興趣消散了，又會跑去練練氣功；昨天剛來學院求法時還發誓要在這裡住上幾年，而明天一大早便有可能離開學院，又想跑到別的地方去拜見另一位上師。這種人絕不可能品嘗到佛法的真義，所以我們應希求穩重之功德。

於自道行不退轉，且於信賴自己者，
始終坦誠不欺惑，此稱穩重人中勝。

對於自己所行之道不退失信心，並且對於信賴自己的人始終都能坦誠相待、從不欺惑，此種人就可稱為穩重者，他們實乃人中之殊勝。

此頌亦在講穩重的含義。穩重一方面可以借身語意進行宣說，一方面也可以從一個人的所行之道中得以反映。我們一旦認定了自己的所行之道，比如已經開始學習寧瑪派的教法，那麼以後就應對此教派的傳承上師多多祈禱，不論遇到多大的困難也不應隨意改變自己所屬的宗派，哪怕遇到生命危險也不要退轉對自己所行之道的信心。因我們已值遇了具德之上師，並獲得了殊勝、甚深之灌頂，這就說明自己與此上師、此法門有宿世因緣，理應不退轉而行持下去。

對於那些信賴自己的人，一定要自始至終地坦誠相待，不應欺惑他們。古時之君子歷來都以信譽為做人之本，但今人卻少有注重此德行者。相反，充斥人們眼目的都是一些爾虞我詐的欺騙行為。比如有些人互相之間

原本關係很好，但因為做生意的緣故，後來卻反目成仇，致使朋友之情喪失無遺；上師出於對某個弟子的信任，將甚深法要傳授與他，但此人卻不嚴守秘密，輕易就將深法洩漏與他人，並在背後肆無忌憚地非議上師，如是之人實為惡劣之徒！因此，如今值得信賴的人為數極少。如果能始終不欺惑那些信賴自己者，此人就堪稱為穩重者，他理所當然就會成為眾人中的最殊勝者。

只要自己已成為穩重者，上師就一定會慈悲攝受並傳與甚深之法。既然問題的關鍵在於自己這一方面，故大家都應修習穩重之德。

> 身體穩重如獅子，不受蔑視大威嚴，
> 語言莊重如仙人，眾所信任且歡喜，
> 性情穩重如珍寶，降臨自他之所欲。

若身體穩重如獅子一般，則不會受到別人的蔑視，且具大威嚴；若語言莊重如同仙人之語，則能得到眾人的信任、歡喜；若性情穩重如同珍寶一樣，則可以降臨自他一切所欲。

獅子乃百獸之王，其身安住於山林之中，顯得非常威嚴，其他小動物甚至一些猛獸都非常畏懼牠，絕不敢對其戲謔不已。同樣，高僧大德更是穩重非常，他們安住於一處後就不會輕易離開，其神態、舉止都極具威嚴，眾人怎敢妄加輕視！《格言寶藏論》中云：「智者巍然極穩固，猶如山王不動搖。」一般而言，眾人皆非

三穩重

56

常敬畏嚴持戒律的大德，深恐自己的非法行為會被其指責。身體如是穩重恰如獅王一樣，真真切切稱得上是不怒自威，其他人自然就會倍加恭敬而不敢輕慢。

語言莊重如同仙人一樣。仙人平時不喜開口閒談，一旦開口講話，其所說之語句句都飽含深義，確實可謂頭頭是道、句句有理，從他們嘴裡一般不會吐出各種虛誑之語及無義語，所說之話確乃穩固而不可更改。如果自己的語言也非常莊重，眾人當然就會信受並欣然接納。一個人的語言很有力量時，眾人都願意側耳傾聽，並對他的話深信不疑，如是之人即可稱為語言莊重者。

性情穩重也即一個人的心非常穩重，不會胡思亂想、變來變去。三門之中以心為主，因心實為智慧之源泉、行動之主宰。若心不穩重，則身語就會如空中樓閣，決定坍塌無疑。珍寶也即如意寶，可滿眾生一切願。心性穩重之人則如珍寶一樣，能滿足自他一切所願。比如處理事務時，如果性格穩重，則自然具足智慧，有智慧觀照，所抉擇之事又焉能有錯。

是故欲使身語穩重者，首先應學會安心，使心穩重下來。

> 身體若不穩重者，如牛落角遭眾欺；
> 語言若不莊重者，如同烏鴉眾人恨；
> 性情若不穩重者，如風吹葉飄無定。

身體不穩重者，就如同失落了角的牛一般定會遭受

《二規教言論》淺釋

眾人之欺侮；語言不穩重者，則如同烏鴉一樣為眾人所嫌恨；性情不穩重者，就如風中的落葉般飄搖不定。

所謂身體不穩重者，可以落角的犛牛來比喻。犛牛打架全靠頭上的雙角，威武有力的犛牛再配上高大銳利的牛角，眾牛亦懼怕不已，好的水草便不得不讓與牠。然而一旦牠落了一隻角或雙角，馬上就會失去原先的戰鬥力，其他犛牛頓時都會反敗為勝，對其大加欺侮。同樣，有些人身體不夠穩重，喜歡到處閒逛，今天到這家，明天串那家，時間久了，眾人都開始討厭他，此人慢慢就會受到輕視乃至侮辱，如同乞兒到處乞討，很多人甚至連小孩都敢欺負他。

三、穩重

語言不莊重的人則如同烏鴉一樣，會招來很多人的嫌恨。雖然有些論典讚歎過烏鴉，但從世間普通人的角度來看，牠是一種不吉祥的鳥：一者，烏鴉全身烏黑，而黑色歷來就被認為是不祥之兆；二者，傳說人類本無苦樂，時間亦無有冬夏之分，而烏鴉卻發願說，願人擁有苦樂，季節也應區分冬夏，且冬冷夏熱。故如今冬天天氣很冷，夏天天氣又很熱，這皆是烏鴉惹的禍；三者，其鳴叫之時發出「好嗚」之聲，藏語意為「完了，倒霉透頂」，所以眾人皆認為烏鴉乃不吉祥之鳥。同樣，大家歡聚之時，有些人卻盡說些不吉祥的話；別人想去修法，他也在一旁說不吉祥的話，如是便會遭到眾人的厭惡、憎恨。

而性情不穩重者就猶如秋風中的落葉般飄浮不定。今天他們可能想安住在這裡，明天又想到別處長住，如是輾轉漂泊，到頭終將一事無成。以我們學院為例，藏族尼眾以前每年只有十五天的假期可以外出，我們也應按這個標準要求自己，盡量不要外出遊蕩，應安住一處精進修法。

了知了身語意不穩重之過患後，大家都應把穩重之規時刻牢記心頭。

> 若具無誤取捨慧，安住穩重之善道，
> 則能扎下殊勝之，世規如意妙樹根。

如果具有無誤取捨的智慧，且能安住於穩重之善道中，則能扎下殊勝的世規如意妙樹之根。

具有取捨之智與穩重之功德，此乃一切世規之根本，如同樹木之根一樣，可使樹幹枝葉茁壯成長，並致開花結果。若具足此世規之根本，則其餘功德肯定會日漸圓滿。所以我們一定要重視這一根本，恆時勇猛精進修持。

以上已將有關穩重之內容宣說圓滿。

《二規教言論》淺釋

四、有愧

以何名為有愧者？即於下等惡劣事，

極生憂愁厭煩心，此乃二規之妙衣。

擁有何種行為可稱為有愧者？若對於下等惡劣之事極生憂愁厭煩之心，這種人就堪稱為有愧者，有愧之行為實為二規之善妙衣服。

怎樣才能算是有愧呢？所謂有愧即是指對那些下劣諸輩及其所行之惡劣事情，生起極大的憂愁心與厭煩心。比如有些人實在是可憐萬分，他們因一時糊塗而捨戒還俗變成了在家人，但這些人不僅不知恥，反而得意非常地抱著孩子到處炫耀，以前的道友看見後不能不生起極大的厭煩心。而對於世間很多不如法的行為，諸如賭博、偷盜等惡行，有愧者亦生起憂愁厭煩之心，認為此類人不懂道理，非常可憐。具有這種心性的人就可稱之為有愧者，有愧的確堪為佛法與世法二規中最殊勝的妙衣。而無愧者則定會為眾人譏笑不已，他們無論如何修法都不可能獲致成就。

世人若不穿衣服就會遭眾人譏笑，同樣，如果沒有有愧的妙衣，這種人亦會被眾人嘲諷，故大眾理應以慚愧妙衣嚴飾自己。

若於眾多士夫中，遍身沾染不淨物，

裸體行走非為恥，然此無愧真羞恥。

若有人於大庭廣眾之中，遍身沾染不淨物且裸體行

走，此種行為並不算什麼天大的可恥之行，無慚無愧才是真正令人羞恥之處。

在此以比喻說明有愧與無愧的差別。

如果有人在眾目睽睽之下脫光衣服，以不淨糞塗滿全身後隨意行走，世人大多會認為這人精神不正常、不知羞恥，或以醜為美、顛倒錯亂。但此人的行為若與無愧者比起來，那就純粹是小巫見大巫，根本算不上是什麼可恥之行了。生而為人卻不知慚愧地恣意妄為，此種無愧者的行為才真正讓人感到羞恥、難堪。何以如此？下面即講述其原因：

　　不淨以水可洗淨，裸體著衣可嚴飾，

　　無愧沐浴不得淨，著上妙衣亦不美。

若身上沾染上不淨糞，沐浴一番就可使身體恢復乾淨，最多浪費一點肥皂而已，裸體之人，給他穿上衣服也可將他嚴飾起來。但無有慚愧者，其心靈深處沉澱著諸多不淨垢染，再怎麼用水洗也無法清洗乾淨，即便穿上最好的衣服也掩蓋不住其骨子裡的醜陋，他永遠也不可能變得美麗動人。

如果心靈不美，那麼外在的身體如何嚴飾也不會令人賞心悅目。大家可能都認為裸體奔跑十分可恥，學過上面的偈頌後才明白，無有慚愧才更為可恥。我們自己究竟是不是無愧者，通過下面所講的要點，對照自己的行為便可一目了然。

利濟恩人不報恩，作害仇人不追蹤，

心頭茫然無所措，此等即是無愧者。

對利濟自己的恩人不思報恩，對危害自己的仇人也不知追蹤，心頭一片茫然，不知所措，此等人即是無愧者。

有三種無愧之人：第一種，「利濟恩人不報恩」。生存在此世間上，很多人都曾有恩於我們——父母的養育之恩、老師的教育之恩、上師的使自己成就菩提之恩、道友的勸勉激勵之恩……對這些曾經利益過我們的恩人，若不知回報恩德，我們就是百分之百的無愧者。法王如意寶也常常教誡我們要知恩報恩，《格言寶藏論》中亦對此作了較廣泛的論述，此處不再廣講。在現實生活中，有些恩德是很難回報的，儘管如是，我們還是要盡力報恩。比如我們出家人的生活主要依靠善信居士們的供養，我們既然無法以財物進行回報，那就要精進修行，以便把修法的功德迴向給他們；而對於傳法上師的恩德，生生世世都可謂報答不了，我們唯有證取佛果，才可算是真正的回報上師深恩。

第二種，「作害仇人不追蹤」。如果小偷偷竊了你的財物，你就應該跟蹤追擊以追回自己的財物。世間中有饒益我們的人，也有損害我們的人。不學佛的在家人依靠世間正理，對仇人可以進行反擊，此正所謂「有仇不報非君子」。但作為學佛者則不應報仇，因出家人有

四
有
愧

「沙門四法」為規，對仇人不能報復。但無論如何，自己心裡應該恩怨分明，明白此人對自己有恩還是有仇。了知清楚後，對好人就應讚歎、感激，對壞人則應呵斥、懲罰，以使其改正惡行。如果對好人不讚歎、對壞人不呵斥，則會令好人灰心，壞人得意，結果反而會使惡行更加增上。國家法律對壞人也根據其惡行輕重施以相應的懲處，其目的仍然在於獎善懲惡、以儆效尤。（世間律典對惡人的最重懲罰即是死刑，但於《君規教言論》等佛法論典中並未開許動用死刑。）出家人中，如果身為上師，則應讚歎好人並給予其相應的榮譽，對壞人就應當眾點名批評。

第三種，「心頭茫然無所措」。不論做何事都迷迷糊糊，好像沉迷於一種無記的狀態中。諸如對好事、壞事一律不加以分辨，對為常住天天發心的道友也滿不在乎，對誹謗上師者也不管不問，如是愚昧、茫然無措者亦是無愧之人。

《二規教言論》淺釋

　　　雖受惡語不顧忌，有利之語不願聞，
　　　善妙德行無希求，此等亦是無愧者。

有人雖然受到惡語中傷但卻毫不顧忌，同時對有利於自己的話語也不願聽聞，對於善妙的德行亦不希求，此等人亦是無愧者。

他人的閒言惡語往往會對自己的名譽、事業等造成損害，雖然對名譽等世間八法理應看淡，但對高僧大德

而言，為了眾生的利益，名譽暫時還不應完全捨棄，因之尚具有可使眾生生信等功用。若不顧及惡語中傷，以致名譽受到損害，一些信徒就有可能退失信心。再說他人的閒言惡語本來就不太好聽，所以能遮止時還是要遮止。不過有些惡語卻是由自己的業力現前所致，故不得不承受。除此之外，若對惡語無所顧忌、毫不在乎，則可稱其為無愧者。

對有利於自己的言語，比如上師指出你的過失、缺點，希望你能改正；又或者開示一些顯密教法，以使你能如法而行；抑或道友勸勉自己精進行持等的言語，對這些有利之語當然應該樂於聽聞。但事實卻恰恰相反，很少有人願意聽這些話。無垢光尊者曾勸誡說，末法時代，上師亦應少說弟子之過失，因其不欲接受故。如是對於已有利之言語不願聽聞者亦為無愧者。

對於善妙德行，如聞思佛法、精進修持，以及做薈供、水供、燈供等功德善舉，自己無有一點希求心，如同老狗面前放青草一般，毫無興趣、無動於衷。但對一些無意義之事，比如下棋、聊天等卻很有興趣，如是不希求善妙德行的人亦是無愧者。

四
有
愧

洩露極為隱秘語，令諸信賴者灰心，

雖成應供亦不思，此等亦是無愧者。

洩露一些極為隱秘的話語；令對自己信賴的人心灰意冷；即便成為應供者，但卻不知思維取捨之理，此等

人亦是無愧者。

此頌宣說了三種無愧者。對於洩露秘密的過失，《格言寶藏論》、《君規教言論》等論典中都做過宣說。一個人如果不能保守秘密，則任何人都不敢相信他，也不放心讓他去做一些事情。至於自己修行過程中出現的一些驗相，也應保密不宣，否則會障礙自己的修行境界增上。另外，上師或道友囑咐過自己不能洩露的秘密，也不能對任何人宣說，否則自己便會違犯一些戒律。有些隱秘之事，上師若不過問，則對上師都不應說，更何況其他人。如果自己洩露密語則為無愧者；若他人對你說一些要求保密的密語，自己如沒把握能守持不宣，那就最好不要聽，否則一旦洩露即成為無愧者。

有些原本對自己很信任的人，如果因為自己的洩密行為而使其生起很大的厭煩心，並從此不再信任自己，則自己亦已成為無愧者。比如，你們原先關係很好，他因有事需外出幾個月，於是便把房子等託付於你望能代為料理。誰料你卻將他的財產送的送、賣的賣，自己也占用了一些，等他回來時只剩下一個空房，此種作為如何能讓人不對你生起厭煩心？又如何能讓人再信任你？又比如上師出於對你的信任而為你傳授佛法，並指導你的修行，但你過後卻不知恩報恩，反而歷數上師之過失，這如何不使人傷心難過？這種人真是無愧者！

此偈中的「應供」是一佛教術語，指應該供養的對

象，比如上師、僧眾等，他們有能力接受供養，並可使供養者得到利益。雖然自己也已成為應供者，人人對你讚歎、供養，但你卻從不思維亦不觀察自己的行為，好像一切都無所謂，根本就不注重取捨。此種行事作風可能是因你學習經論太少的緣故，以致不明取捨之理，此等亦是無愧者。

我們應該經常思維，自己所做是對是錯。如果是對，則應繼續行持；若不如法，就應馬上改正。

雖聞善理及善語，於此不起歡喜心，

亦不依止善知識，此等亦是無愧者。

雖已聽聞到善妙之理以及賢善之語，但於此卻不生歡喜心，也不依止具相善知識，此等亦是無愧者。

如海三藏中蘊含著無盡妙理，雖然聽聞了經論中的善理，比如《釋迦牟尼佛廣傳》中宣說了本師最初如何發菩提心、中間又如何不畏艱難行持六度萬行以及如何以方便善巧度化眾生等種種事蹟，但有些人不知為何，也許是前世業力太重的緣故，他們就是不願聽聞，亦生不起歡喜心。猶如老豬只對不淨物生喜一樣，這些人對高僧大德的善妙行為，以及善知識所開示的有關出離心、菩提心方面的妙法一概無有任何興趣，對惡人之劣行倒倍感新鮮、好奇。

這些人儘管自己很愚笨，但卻自認為非常聰明，因而不欲依止善知識；自己根本不自知自己哪些行為不如

四有愧

法，反而貢高我慢、自以為是，此等人亦是無愧者。

無愧者的種種行為都不如法，一切行為都屬自作聰明、隨心所欲之造作，加上又不願聽聞善理善語，故誠為愚癡之極！

親近劣種惡行友，愚人群中歡欣遊，

背棄世法二規行，此等亦是無愧者。

親近一些種姓下劣者，比如漁夫、屠夫、妓女等人，或與行持惡法，如殺生、邪淫等行為之人交朋友，自己也會逐漸與他們同流合污起來。日久天長，自己便會違背並拋棄世間與出世間之賢妙二規，行為變得不合規矩、法度，這類人也可稱之為無慚無愧者。

四川人稱這些不務正業行持惡法者為二杆子、二流子等，在大馬路上，經常都能看到他們三個一群、五個一夥地到處閒逛，身上還往往套著一條很難看的大喇叭腿褲，頭髮也長長的粘在一起，走起路來則東倒西歪，令人看不順眼。若與這些人交友，用不了多少時日，你也必定會與他們臭味相投。

另外，愚笨人聚集到一處，不是閒聊就是遊玩，什麼卡拉OK廳、歌廳、舞廳等地，都可見到有很多愚人在那裡亂唱亂吼，還將身體扭來扭去地宣洩不已，其狀態就如同抽筋一樣，看了讓人作嘔。某些瘋狂者甚至可以在大街上及其他公開場合裸體奔跑，他們不僅不以之為恥，反倒自我感覺甚為新潮、光榮。這些生活在中國這

片土地上的可憐的愚人，從西方國家那裡根本沒有學到真正的文明，卻把人家的糟粕統統學了過來，所作所為因此而變得非常不倫不類。但他們還以為自己的行為很了不起，因而有智者見後就感到更加的可笑。

此等言行皆屬非法，如此行事者均為厚顏無恥之徒。

> 白晝飲酒賭博等，沉迷損害名譽法，
> 夜間唯作不淨行，此等亦是無愧者。

飲酒有諸多過失，諸如損傷智慧、迷亂心志、引發疾病、洩露秘密等。而賭博亦是同樣，它能使人喪失心志，徹底淪為欲望、貪婪及僥倖心理的奴隸。是故何人若沉溺於飲酒、賭博等非法惡行中，他的名譽必定會受到很大損害。無愧者非唯白日當中沉迷於賭博、飲酒等損害自己名譽的非法行中，晚上回到家中，也只顧作不淨行，完全不知羞恥為何物，這些人真是些無愧者。

四有愧

《格言寶藏論》中云：「如同飲酒以為樂，實則瘋狂當安樂。」飲酒實為一切過失之源，有一則公案足以證明此論點：

一位受持五戒之修行人原本安住在寂靜山林中，一天來了一位婦女，手拿一瓶酒，並牽來一隻山羊。她對修行者說：你或者與我作不淨行，或者殺了這隻羊，或者喝酒，三者必擇其一。他聽罷心中不由尋思道：不能與她作不淨行，亦不能殺生，因這兩樣過失太大，而飲

佛法未融入心相續中，故這些人常常不知區分輕重緩急，經常把自己陷在一些無意義的生活瑣事中，並因此而消耗掉了大好時光。比如他們會很認真、仔細、全面、長時間地打掃整理自己的屋子，一會兒認為床放在西面很好，沒過幾天，又想把它挪到東邊；衣服上只有一兩個小泥點而已，但他們就是不肯輕易放過，還為自己找來很多藉口，什麼出家人理當身心清淨，故穿著本來就該講究、整潔等等；吃飯時他們覺得不多炒幾個菜就對不起自己的胃……總之，為這些生活瑣事，這些人浪費了很多寶貴時間，而對那些能給今生與來世帶來真實利益的佛法卻沒有認真修學，因此顯得非常愚昧。

　　《百喻經》中有這麼一個公案：父子二人同去某地，路上不幸遇到了強盜，父親深恐兒子的金耳環被強盜搶走，於是就將兒子的頭砍下藏好。等強盜離去後，再取出兒子的頭放在屍體上，並欲喚醒愛子，但此時任憑他如何努力也無法使兒子復活如初。同樣，修行人若因瑣事而耽誤一生，豈不同此愚癡之父等無有別？故我們一定要專心致志於聞思並修持佛法，因對修行人而言，除了聞思修外，再無其他任何比之更為重要之事。大家千萬不要認為聞思修行會耽誤自己的時間，其實，即使我們用盡一生時間進行聞思修也是完全值得的。麥彭仁波切在其他的一些勸勉行者聞思且實修之論典中也曾說過：聞法有很大的功德，修行者應多多聞法，如果

認為聞法無義且耽誤時間，則此人肯定已經著魔。

有些人雖然已入佛門，但卻不懂因果取捨之理，因而口中話語多為妄語，行為亦不如理如法，經常都要造作一些惡業。如沿海某些大城市中，有些居士居然敢吃海鮮，還認為活魚活蝦營養豐富、味道鮮美。於是無數的小蝦蟲被滾油澆上後就活生生地成為他們席上的一道菜，而這些人竟然可以不畏因果、不懼來生地吃得有滋有味！這實在是愚不可及的行為！因這一碗菜已足夠讓他們下地獄了。

除此之外，還有諸多的不善法，如違犯戒律、偷盜、惡口等，也經常被一些人造作，他們對自己的這些惡行絲毫也不感到慚愧，還認為自己很了不起，此類人亦是些典型的無愧者。

現見聖教正規時，既不生起喜樂心，
亦無希求追隨意，此等亦是無愧者。

已經現量見到殊勝之聖教與正士之規，但還是生不起一絲一毫的歡喜之心，也無有希求追隨之意，此等人亦屬於無愧者。

釋迦牟尼佛為眾生廣開甘露門、宣示解脫道，在有緣者面前三轉法輪。雖然我們無有福報親見佛陀，但如海之三藏教法卻已現量見到，並且功德等佛、恩德勝佛之善知識也已慈悲攝受了自己，這與現見佛陀已無任何實質差別。若對聖教三藏與正規生不起歡喜心，這也許

是因為自己智慧太淺薄、根本理解不到佛法深意的緣故。如社會上的一些人，只知謀求資財、享受五欲，對佛法所講之理一點都不懂更不願接受。不用說甚深智慧，他們連什麼叫信心也搞不明白。反過來說，如果你對聖教有歡喜心，那你的信心也必會有所增進，你的行為也會越來越如法。若能按照正規所說精進行持，則你一定會逐漸成為高尚者。

另有些人可能受前世業力所惑，他們對邪法很感興趣，對正法反不生信心，見到宣說智慧之如海三藏，簡直就如狗見青草一般毫無興趣。看到一些宣說正規之論典，如《格言寶藏論》、《君規教言論》等，不僅生不起歡喜心，還認為這樣的論典多如牛毛，沒什麼稀奇之處；見到一些如法行持的正士，也認為他們的境界與自己不相上下。如是一來，你始終也不會上進、受益。若人格都不完善，則出世間之功德更不會無緣地自然生起，所謂的成就與證悟就更是紙上談兵。到此地步，你只能算是一個無愧者了。

我們聽聞了如此殊勝之教言，應該對聖教生起歡喜心，對正士的行為亦應發隨喜心，並且願追隨先賢足跡，依正規來改正自己的行為，使自己漸成高尚之士。這樣的話，出世之無漏功德自會逐步生起，解脫、涅槃當能早日獲得。

四有愧

> 總之取捨一切事，無有定準而行持，
>
> 脫離世法二規矩，即謂愚笨無愧者。

此頌總結以上所講有關無慚無愧的問題。

總而言之，人類社會對於大小事情一般都有一定的取捨準則，比如若以世間法中的風俗與法律規範來衡量，殺人、偷盜等行為乃為大眾所不齒之惡行，皆屬當捨之事，而助人為樂、救濟貧困、保家衛國等則為世人所公認之善行義舉。學佛者在未獲得真實菩提之前，因果定不會空耗，故大家理應仔細取捨善惡業，並力爭斷除二障、希求且終獲無上智慧。

在未脫離世間之前，對於世間與出世間之二規均不能違越，否則就會將自己陷入「上天無路、入地無門」的困境之中。如果對於一切事情的取捨無有一定之標準，任意行持、肆意妄為，脫離賢妙之世間與出世間二規正道，則此類人必屬愚笨無愧者。所以我們不論做何事，都應觀察自己的所行是否如法，這一點實在重要非常。

> 若人具足慚愧心，能除顛倒散漫行。
>
> 設使無慚無愧者，教言於彼有何用？

如果具足慚愧之心，則能去除顛倒散漫之行。一個人假使無慚無愧，那麼即便對他宣說很多世與出世間之殊勝教言，對他也起不到一絲一毫的作用！

我們因為被無始以來的無明習氣所困，因而會產生

《二規教言論》淺釋

諸如常樂我淨等的顛倒執著，所作所為都乃顛倒之舉，諸如懶散等惡行、貪嗔等惡分別念就像叢生之雜草一般，非常難以對治。如果內心知慚識愧，則會斷除此等顛倒狂妄之行，絕不會散漫任意而為。

有些人雖然所做常為錯事，三門經常違犯戒律，但卻從不知羞恥，反認為一切都無所謂。從佛法上講，此人即為佛教油子：口中所說皆很賢善，但行為卻沒有一樣如法。這些人不僅佛法未融入其相續中，以世間標準來看亦無有人格，誠為一個地地道道的壞人。

> 復次心具慚愧者，終不遠離世法二，
> 殊勝善妙之規道，恆常行持不放逸。

復次，如果內心具足慚愧，則其所行始終也不會遠離世法與佛法兩種殊勝善妙之規矩大道，時時刻刻都會以正知正念護持身口意之三門，定能不放逸而行持。

以上已將有關有愧之內容宣說圓滿。

四
有
愧

五、不放逸

何以名為不放逸？如人居於危崖上，
如是自護自身心，恆時鄭重謹慎者。

什麼叫不放逸呢？比如一個人居住在非常危險的懸崖上，如果稍不注意，就有可能墮入深谷從而落得個粉身碎骨的下場。因此他一定會非常謹慎，甚至大氣都不敢出。同樣，我們修持佛法、守護清淨戒律，或做任何事，都務必詳細觀察，仔細取捨，時刻護持三門，以正知正念觀察自己，所作所為必須鄭重謹慎，如是之人則名為不放逸。

不論是行持世間法，還是修持佛法，都應依靠不放逸之行為，即以正知正念來護持身口意三門，小心謹慎、精心抉擇，不使三門散亂於外境。若不謹慎，只知隨心所欲、為所欲為，則會招致諸多過患。為使道業增上、修行成就，大家都需不放逸而行，即需恆時保持正知正念。

《入菩薩行》第五品的內容即為護正知，此品對放逸之過失及如何護持正念、斷除放逸宣說較廣。如是殊勝之教言實在不應忘記，只偶爾看一次遠遠不夠，因凡夫記憶力較差，很容易遺忘，故需經常看書重溫。

孩童沉迷遊戲樂，成年沉迷貪瞋境，
老年迷惑身心衰，皆為放逸所迷住。

孩童們整日沉迷於各種遊戲所生之快樂中；而成年

人則整日沉迷於能令人生起貪嗔等煩惱之外境中；老年人又整日迷迷糊糊，被身心衰竭所困擾。他們全都被放逸之過失迷惑住，從而無法以智慧徹見諸法本性。

當我們還是孩童時，心中無有任何負擔牽掛，整天與小朋友們玩捉迷藏、打雪仗等遊戲，尤其在幼兒園或公園中有很多遊戲設備，如碰碰車、秋千、滑梯等，無不令人流連忘返，父母若不一次次催促，自己肯定不會回家吃飯……隨著年齡的增進，步入成年後，很多煩惱開始襲上心頭：外境中充滿了太多的誘惑——時髦服裝、名貴豪宅、新款賽車等，還時時貪著漂亮的朋友，對於競爭對手、怨恨仇人則生起無法遏制的猛烈嗔心……總之，整個人一直都被貪嗔等煩惱所逼迫。漸漸進入老年人的行列後，看到自己滿臉皺皺巴巴，額上爬滿了歲月留下的紋路，心中只能無限傷感地憶念起過去的美好時光，此時，不僅食不知味、身體粗重，更可怕的是無法面對死亡的恐怖，身心的如是衰竭使自己徹夜難眠……

人一生當中皆因被放逸所迷惑，故而沉迷於外境的種種幻變之中並終不能自拔而出，從而障蔽了本具之智慧，不得不感受眾多無益之痛苦，且在痛苦中最終離開此世間。此誠為可悲！誠為可悲！

　　　貪等愚癡所惑眾，沉溺恐怖輪迴泥，
　　　若尚未止貪癡心，則成卑劣入惡道。

被貪等愚癡煩惱所迷惑的眾生，一直沉溺在非常恐

五
不
放
逸

怖的輪迴泥坑之中，如果不能及時遮止貪癡等內心煩惱，則必將成為非常卑劣之人，且終墮惡趣並感受無邊痛苦。

眾生因為被貪等煩惱所困縛，所以言行舉止就顯得非常愚癡，全然不知取捨之處：他們將無常執為常有、不淨執著為淨、痛苦執為快樂，並因被煩惱所迷惑從而造作種種惡業，且因此而一直流轉於六道輪迴的恐怖淤泥中，以致完全不能自拔。隨著各自煩惱及業力之輕重大小，眾生各個趨入由自己業力所感致的不同六趣中——貪心重者則易墮入餓鬼道中，嗔心重者易墮入地獄，癡心重者則易轉為旁生。尤其是欲界眾生，雖然五毒煩惱俱全，但其貪心則尤為嚴重，如果能斷除貪心，那就不會投生在欲界中。

貪心本身亦伴隨有一定的愚癡性，有情眾生之身體本為不淨物所構成，但凡夫因不了知真相而奔走營求，這豈不非常可笑。《入菩薩行》亦云：「汝自多不淨，日用恆經歷，豈貪不得足，猶圖他垢囊？」今生若苦苦貪執不淨身體，後世將會轉生在不淨物中，整日享受不淨之物！

如果沒有止息自己的貪癡煩惱，為了滿足自己的貪心等欲望，自己一定會漸變成厚顏無恥、不知慚愧的卑劣者。此習氣不斷遷流，後世之人格會變得更加卑劣，並會墮入痛苦的三惡道中，屆時就已悔之晚矣！

擁有寶座傘幡等，然而放蕩不羈者，

剎那墮入險惡處，如遭魔王鐵鉤牽。

　　雖然地位很高，擁有寶座傘幡等，然而行為卻放蕩不羈，這種人剎那之間就會因所造之業墮入險惡之處，如同遭到魔王的鐵鉤牽引，無法自主。

　　一些出家人安坐在妙高寶座上，周圍圍著眾多執持華麗寶蓋與傘幡的侍從，弟子也非常多，出門亦是前呼後擁，非常風光氣派，但這些人一定要注意自己的行為，不能任意而行、為所欲為。應如蓮師所說：「是故見比虛空高，抉擇因果較粉細。」對自己的行為一定要如是善加取捨。

　　如果自己的行為放蕩不羈，猶如野馬脫韁，隨意而行，那就很有可能於一剎那間遭遇違緣，並使自己墮入險惡之處：或失毀清淨戒律從而成為在家人，或違背因果後世墮入惡趣中感受痛苦。此時，自身如同被魔用鐵鉤牽引，身不由己地就直奔痛苦境地而去，並無法出離輪迴苦海。故我們應時時刻刻觀察自身行為，萬勿放逸而行。

妙齡少女僧人敵，賄賂國王法師敵，

守護劣眷主人敵，此等怨敵毀諸眾。

　　青春妙齡少女是僧人的最大敵人，對國王進行賄賂會成為法師之敵，守護惡劣之眷屬將成為主人的敵人，如是此等怨敵定將毀壞眾人相續。

作為欲界凡夫，男女之間的貪執可謂非常嚴重，且因此而流轉生死不停。對僧人而言，年輕貌美的妙齡少女則是守持清淨戒律的主要違緣，是出家人最大的敵人。《阿含經》中佛告阿難言：「莫與女人相見，若見莫與共語，若與言語則當自撿心。」而阿底峽尊者對女人親自供養的物品則一概不予接受，他曾說過：「男眾出家人不能接觸女眾。嚴持淨戒之出家人與年輕女子不能經常往來、接觸，若經常接觸，自然會生出很多煩惱，最後在一剎那間就會破戒，這是很可憐的。」他還說過：「我對怨恨的敵人並不害怕，但對年輕女子卻很害怕。」同樣，女眾出家人對男眾也應如此觀待，不應經常往來。

對於「賄賂國王法師敵」這句話，堪布根華、堪布晉旺都說不太好解釋，我在此也只能大致解釋一番。有些人為了滿足自己的私欲，比如為了成為寺院住持或得到某些利益，就對國王進行賄賂，從而使法師無故蒙冤，甚至被驅逐。如今雖無國王，但一些小人對一些貪官行賄，使法師遭到違緣，無法繼續進行講經說法等活動。

有些主人對自己的眷屬不分善惡、卑劣一律予以攝受，將一些強盜、土匪也統統籠絡為自己的眷屬，並袒護、縱容不已。但總有一天，這些惡劣之眷屬會損害主人，故主人應及早將其驅逐，不予他們任何保護。歷史

上曾發生過許多君王因親近小人而致亡國、惡劣大臣君篡位等的悲劇，這皆是保護惡劣眷屬之過。而高僧大德的弟子中，如果劣眷屬多，亦會對上師之名譽、事業產生影響，故實不該守護劣眷。

若不注意觀察以上所說之怨敵，將會毀壞諸眾相續。

> 眾生財富如閃電，身如浮泡無常性，
> 我等陷於病魔中，甚多逆緣圍困故，
> 猶如風中之殘燭，無有少許可依賴，
> 何故不思當來事，依然放逸安心住？

眾生財富如同閃電一樣，身體則猶如水中浮泡一般，皆為無常剎那之本性。我們陷於病魔等諸違緣包圍之中，如同風中殘燭，無有少許可依靠之處。既如此，為什麼不思維一下當來之事，依然放逸地安心而住呢？

五不放逸

我們出生時沒帶來一絲財富，死亡時亦將獨自趨入後世，不會帶走一分財物。財富只能被我們暫時享用而已，它們瞬間即逝，猶如閃電一樣。而且對個人而言，財富並非恆常具足，即便今日是腰纏萬貫的老闆，明日也有可能徹底破產、身無分文，不得不淪落為沿街乞討的乞丐。再看身體，四大假合之肉身非常脆弱，猶如水泡一樣，剎那之間便會毀滅，此等有為法皆為無常之本性。我們還經常處於種種病痛、各種魔眾以及數不盡的違緣包圍之中：飲食的不適會奪去生命，藥物使用不當

亦會成為違緣……因此說，自己就如同風中之燭，不知何時即會被吹滅。而死主到來時，親友、子女、財富都無計可施，唯有業力隨自己而去。故人人都應捫心自問：自在之時，為什麼不為最主要之當來事——生死大事早作打算，還要一如既往地放逸而過呢？所以說不應為無常的財富、身體而放逸度日，從今天起，大家都應依靠諸佛及上師之教言精進修持，力爭早獲無死甘露。

一切高貴終將墮，一切榮華終衰竭，

一切美好終醜陋，有為諸法豈未見？

一切高貴者終將墮落下滑，一切曾經擁有過的榮華富貴也終將衰竭散盡，一切的美妙終會變為醜陋，有為諸法無常之本性難道你沒有看見嗎？

在此世界上，高貴的地位令人矚目、羨慕，高官門前簡直如同鬧市一樣熙熙攘攘，就連送禮都得排隊。而一旦大權旁落，昔日的那些朋友便都會作鳥獸散。如果此時生病，剛開始時，有些人也許會因礙於情面不得不前來看望，病久了，則不會有人再來噓寒問暖。因為無常之本性，高貴者必會墮落下滑，就像昔日我乳轉輪王與帝釋天同坐一個寶座，地位是何等顯耀，但最終還不是在不滿足之心態中墮地而亡。一切榮華皆如過眼浮雲，轉瞬即逝。自己擁有財產之時，身著華麗服飾，口飲茶酒，耳聽妙音，孰料一場雪災，家中幾百頭犛牛所剩無幾，頓時即成貧窮之人；或者雖有眾多財產，一場

大火或盜賊就使家財失之殆盡，昔日所享受之富貴頃刻一去不復返；又或者現在雖美如天仙，但歲月流逝，轉眼之間就變成髮白面皺之老嫗，醜陋不堪。這所謂的美麗青春恰似彩虹，一會兒就消失不見，耽著暫時的青春韶華到底有何意義？

我小時候知道的一些大官，如今很多都已下台，有的甚至因為貪污而入獄。剛到學院時，碰到的那些很年輕的僧人，現在也各個變老，再過幾年，我們也同樣會變得老態龍鍾、醜陋不堪。假若現在不修持佛法，那臨死時我們又有什麼自在生死的把握？有為諸法皆是無常的本性，難道諸位還沒看夠嗎？

許多高僧大德都宣說了無常之理，《大圓滿前行引導文》對此講得更為詳細。我們不應只是聽一聽、口頭說一說便罷了，應該認真領會並精進修持。比如大家都應經常觀察現實中的一些事情以深刻體驗無常的道理，像一家中有弟兄三人，父母去世後，兄弟分開生活，於是一家便分成了三個家，這就是無常。再想一想自己家中以前是什麼光景，現在所有的親屬是否還健在？家如今變成了什麼樣？……如是體驗無常，自然會生起強烈的厭離心。

五 不 放 逸

　　　自當反省深思維，設使如今未謹慎，
　　　則己不知自過失，他人勸說亦難知。

自己應當時時反省，深入思維，如果現在沒有小心

謹慎，則自己不會了知自己的過失，並且他人的善言勸說亦難使自己了知自過。

白天我們聞思佛法，晚上則應於寂靜處思維當天上師所講的法義，並自問自己聽懂了多少，有沒有以此來規束自己的言行……大家都應該如是思維，不要胡思亂想。以前麥彭仁波切與薩格西進行辯論，薩格西說：「你現在口頭上說得很厲害，可能你現在已著了外魔。」麥彭仁波切聽罷即回答說：「外魔不要緊，眾生我執之內魔才真正厲害。我不害怕外魔，對內魔卻很害怕，就像以前的米拉日巴尊者一樣，他亦不害怕外魔。」「你老的時候，可能不會有人看望你，因你與眾人進行辯論，大家對你的看法都不大好，所以當你年老時應無人前來看望。」

薩格西又接著說道。麥彭尊者則回應說：「我年老時有沒有人來看望根本沒什麼大不了的，本來很多老年人就無人照看，這是一種必然現象。但我一生中對上師三寶及業因果有很大信心，故年老時絕不會後悔年輕時的所作所為。而且我經常都在祈禱文殊菩薩和觀音菩薩，所以有無人看望沒什麼關係。但你們中的有些人卻經常謗法，因此當他們年老時一定會心生後悔。」

我們亦應如是思維：自己雖然聞思了一些佛法，但有無認真修持？能否對自己的修行功底有一定把握？若已有修證之把握，則老時即就是無人探望亦不會難受痛

《二規教言論》淺釋

苦、倍感孤單；若無把握，老時內心就會憂悔交加。

如今不注意觀察自己的行為，則犯了過失也不自知，反而還會認為那是功德。若能時常觀察自己的過錯，此種行為應算是具有智慧之表現。自己若不反觀，則別人勸說你時，你根本就不願也不可能接受，反而會認為他人在對你誹謗，自己的行為絕對如理如法。但究竟是否如法，應對照經教進行觀察。經教中未宣說或已遮止之處，若還照做不誤則屬過失，應立即懺悔反省。

相遇種種外境時，自心如犬無主見，

譏笑淺薄之人時，尚自以為得讚頌。

有些人在遇到種種複雜境況時，自心無有主見同犬無有二般，他人對自己所說的譏笑諷刺之語，竟被他當成是對自己的讚頌之詞。

凡夫因缺乏智慧，故一旦遇到比較複雜的外境，處理起來必須進行審慎觀察及全面衡量時，他就無有能力加以辨別。此時的他就如同家犬一樣，只能跟著別處的狗叫隨聲「汪汪」附和幾聲。別人說好，他也說好，問他好在哪裡卻一問搖頭三不知，如同牆上隨風飄搖的蘆葦，自己無有任何主見。正像一則笑話所云：幾個人看到一件可笑之事不禁放聲大笑起來，旁邊一個瞎子也跟著狂笑不已。大家問他笑什麼，他說聽到大家在笑，所以自己也大笑不止。又比如自己本來很愚笨，長得也很醜陋，他人故意譏笑說：「你太有智慧了，長得也同天

仙一般漂亮。」此人根本不觀察別人話語的真偽，聽了這番諷刺，竟認為自己的確很有智慧，相貌也頗莊嚴，因而不覺洋洋自得起來。如是愚者將別人的譏笑當成自己本具此種功德，對此，我們實在應引以為戒。自己當非常清楚自身有無功德與修證，不應以他人所說而自以為是，應時時省察自身。

> **如物過秤知輕重，如是二規衡量時，**
> **以彼所顯之成績，推知眾人之賢劣。**

如同貨物可通過稱量以知其輕重，如是以二規衡量眾人時，以彼所顯示出來的成績，可以推知眾人之賢善與惡劣程度。

我們要想知道一個人的好壞，可以通過他一生中所做的事情、取得的成績加以衡量，看其善惡業之比重哪種為大：他在佛法方面有沒有著書立說、嚴持淨戒等，於世間法中有無貢獻……總之，可以從多方面對其進行推理觀察，不能只顧及某一點就輕下判斷，這樣才能完整知道此人的賢劣狀況。就像我們要想了知物體的輕重，就必須通過秤來衡量，而不能想當然地認為體積大的就一定重，比如一大堆棉花就沒有一塊鐵的分量重。

藏密《中陰竅訣》中說：在中陰法王前，不是將人直接過秤，而是憑兩個小天子掌管人的善業與惡業：白天子與黑天子將人所造之善惡業分別裝在兩個口袋中，拿給中陰法王判斷此人的賢劣程度。《華嚴經》中亦

云：「地生一人，天生二神。」此二神即負責記錄人所造之善惡業。

同樣，依如秤之二規進行衡量時，對眾生一生所做之事情善加觀察，就能判斷出其人之好壞善劣。寂靜道場上的情況也基本如此，有些人初來道場後，自己在聞思修方面很精進，背誦了好幾部論典，並且對常住之事也積極發心參與，可以說做了很多利益自他之事。不過有些人卻恰恰相反，他們不認真聞思修，整天只知東遊西逛、惹是生非，今天要為他解決這個問題，明天又得為他解決那個問題，翻來覆去、絮叨不已，使上師、道友不得不對他生起厭煩心。

本論開篇即講到從行為上即可將人區分出高下，而好人則如同黃金一樣被眾人喜愛，壞人則像牛糞一般被大眾所厭棄。其實好壞並非在本性上存在，而是由其行為的不同造作而成。所以我們若欲成為一個高尚者，就必須時刻以二規為準繩，衡量觀察自己的行為，使行為變得如理如法。

五不放逸

有些愚癡淺學者，自其出生至衰亡，

猶如一日所經歷，一生碌碌無作為。

有些人非常愚癡，學問也很淺薄，從他出生算起一直到他死亡之時，他過的日子就如一日中所經歷的一樣，一生中亦如是碌碌無為，很平庸地就了此殘生。

一個人如果沒有遠大志向，那麼不論在世間法或佛

法上，他都不會有一定的成就。無有智慧、心志之愚癡者，對學問從來也不希求，膚淺地學了一些經論後便自高自大，裹足不前。他們每日只為了衣食而奔走不息，閒時也只知聊天、下棋以打發時光。如是從出生直至死亡，如同一天中所做的事情一樣，沒有什麼大起大落之事，一生中碌碌無為，真可以說是「生時無人知，死時無人問」。

霍西曲恰堪布曾說過：「今天從色爾壩地方來了一個老喇嘛，他一生中肯定沒有做過什麼大事，因為霍西與色爾壩很近，他若有名氣，那我們決定早早準備迎接他。因他一生中對佛法未做出過什麼貢獻，所以現在雖人已老邁，但連他的名字都無從聽聞。」而詩人臧克家先生也說過：有的人活著，但已經死了。

因此說，在人的一生當中，不論對佛法或世間法，都應做出一些貢獻，不應碌碌無為地虛度光陰。

> 博學智者每日間，行持法財欲解脫，
> 彼等圓滿四德故，最終獲得大成果。

學問淵博的智者每日都在行持法、財、欲、解脫四德，他們圓滿四德之果後，必將獲得殊勝無比之大成果。

圓滿四德為專用名詞，在《智者入門》中講得較詳細。所謂四德即是指法、財、欲與解脫四種法。法指小乘與大乘等殊勝解脫法；財指世間有漏善財或聖者出世

七財；欲指世間福報或修持禪定所得欲天之果位；解脫指暫時人天福報或究竟出世間之解脫。博學智者每天精勤行持此四法，具足此四種功德後，一生中世間法與出世間法都可謂已修成圓滿，最終必將獲得殊勝的成就。

我們應隨學有智者，不要學那些淺學寡聞者的行為。如此則自己的行為定會日趨完善，漸漸地也會成為智者。

無義抑或失義者，皆從放逸而生故，

智者日日時時中，以不放逸而行事。

所做無義或失義者，皆從行為放逸中而生；智者在日日時時當中，均以不放逸之態度行事。

所謂無義是指在世間中的所作所為於佛法無義，如學習外道經論，或指對世間法也無義，如邪淫、妄語等，此等行為不論從暫時還是究竟角度而言都可謂毫無意義，此即為無義。整個世間中，有很多人以無比珍貴之人身去做很多無意義之事，比如做漁夫而殺生，當妓女而造邪淫之惡業，搞生意時常犯綺言、妄語等戒，這些行為都是在空耗暇滿人身，故非常愚癡可憐。《親友書》亦云：「金寶盤除糞，斯為是大癡。」

所謂失義，是指以前雖聽過對佛法或世間正理之宣講，但自己卻不幸失毀了所聞法義。比如你以前是一個出家人，後破了出家戒，此時則已失去了出家的意義；或以前入了密乘，現在卻又不願學習密法並捨棄密法，

五　不　放　逸

此種行為已屬破密乘戒之舉；又或者本來已值遇上師與佛法，但因前世業力等因緣又退失信心，捨棄上師佛法，這也稱之為失義。凡此種種均可稱之為失義者。

此無義者與失義者之行為，皆從放逸而生。若不放逸謹慎而行，則會做有意義之事，並棄絕無義之事。無義與失義，為修行人菩提道上的最大違緣，其根本原因即因放逸三門而生。智者因了知放逸之過患，故日日時時當中，乃至分秒之間都會以正知正念護持三門，觀察言行，絕不放逸行持，因此才不會為過患所染污。

聰明智慧未究竟，聰明邪慧狡猾因，
詭計多端假精靈，此乃放逸之過失。

有些人雖很聰明，但智慧還沒有達到究竟狀態；另有些人儘管聰明，但可惜的是，他們的聰明完全屬於邪慧，所以反成了狡猾之因；還有一部分人詭計多端，此則為假精靈。此等行為皆為放逸所生之過。

有些人俱生就很聰明，如同天才一樣，有很好的智慧根基。但可惜的是，他們往往恃才傲物，不肯繼續上進。如果智慧究竟，一個人對法、對物都會從各個角度進行全面觀察，因而不至於誹謗上師與佛法。但如果智慧未究竟的話，就會自以為是地妄加評論。如上師講經說法時本是從各個層次多方宣說，他只聽了其中一點兒，便認為上師所講不應理，應該這樣那樣解釋才對，因在哪一部佛經中佛是如是這般宣說的，所以上師所講

89

極不圓滿……在他的眼目中，好像上師一無是處，只有他自己才完全理解了佛經密意，故才敢對高僧大德們評頭論足，豈不知這樣做在瞬間就已造下了很深重的惡業。也有些大學生自認為很了不起，見到一些法師講法也不願意虛心聽受，其實他本人對佛法才真正是一竅不通。佛法中，大中觀所講之甚深義理，以因明之理又如何能徹底、究竟推知？連什麼叫「不定」都不知道，又有什麼理由自詡已通達中觀？如果這些智慧未究竟者稍微懂得一點佛法的話，他們更是會起勁地評論各種宗派，說什麼此宗、彼宗沒有解脫道等。此皆為智慧未究竟所致，若智慧究竟，則如麥彭仁波切一樣，可以宣說最了義之法，並能將各宗各派如是宣說之必要分析得一清二楚，且明了各教派皆圓融無礙之理。

五
不
放
逸

有一些人也很聰明，也有一定智慧，但可惜其聰慧均為邪慧。他們對上師三寶與因果法則沒有一點兒信心，對造惡業卻很精通。比如對殺生的方法很在行，他人一次殺一隻雞，他卻能造一架機器，一下子就可殺死成千上萬的眾生。這些人還會找來一些歪理駁斥因果，認為因果不存在，無有前生後世，並以此邪說使自他都墮入到邪見之坑中。而且這種人往往還很狡猾，做事情不老實，處處為自己利益考慮，功德方面自己全盤接收，過失卻一概推給別人。藏族有句諺語說得好：「因明學得好，打官司很好；戒律學得好，偷東西善巧。」

這並非是說學因明的目的是為了打官司，或學戒律是為了偷東西，而是指有些人太過聰明狡猾，以致將智慧純粹變為了邪慧。漢語中也有相同的說法：「過分聰明為狡猾。」佛法則認為：自認為聰明、了不起者，往往會將聰明變為邪慧，從而與解脫無緣。密法中也說：有些人心雖愚鈍，但信心卻很堅定，此種人也可取得智慧與成就，而那些過分聰明者卻不一定能得成就。所以稍具智慧者都應該觀察自己的智慧是邪慧還是清淨的智慧，若是邪慧則對自身與佛法都有損害，應該速速遮止改正。

還有些人的的確確稱得上是詭計多端，他們在你面前說得頭頭是道，背後卻不如是而行，其所說只是為了欺誑而已。這些人經常都以一些詭計誆惑、欺騙甚至陷害他人，這種人確確實實是一種假精靈，即是假聰明，並非具有真實智慧者。他們這種把戲，一、二次或許別人看不出來，但次數多了便會被人識破，最終唯有自我敗壞而已。

以上智慧未究竟、邪慧及假精靈者皆是因為三門放逸，不善加觀察、取捨自身言行而產生的過失，在世間法中如是行持會造下很多違法之事，佛法中亦能因之而違背因果正理。如此一來，後世唯有趨往惡趣，對此豈能不慎！

《二規教言論》淺釋

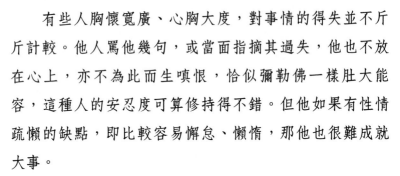

> 縱然胸懷寬廣者，性情疏懶事不成，
>
> 如無利害海底石，此乃放逸之過失。

縱然是胸懷寬廣之人，如果性情疏懶，那麼很多事情也不可能圓滿成辦，就像海底之石一樣無利無害，此也是放逸所生之過失。

有些人胸懷寬廣、心胸大度，對事情的得失並不斤斤計較。他人罵他幾句，或當面指摘其過失，他也不放在心上，亦不為此而生瞋恨，恰似彌勒佛一樣肚大能容，這種人的安忍度可算修持得不錯。但他如果有性情疏懶的缺點，即比較容易懈怠、懶惰，那他也很難成就大事。

俗話說慢性子人天塌下來也不著急，屋子即便著火也不會趕緊想辦法撲滅，這樣的人一般來說很難成辦事情。比如你今天讓他做一件事，結果他到後天也沒能做完，甚至半個月都完不成。又比如一些道友，儘管修學佛法已經七、八年了，別人聽聞佛法一兩年之後就已將五加行修行圓滿，但他在七、八年的時間內竟連大頭都還沒磕完！真不知何時他才能將整個五加行修持圓滿。法王也經常教導大家，做事情不要拖延時間，若沒能力完成就應早早說明原因，好讓其他有能力之人接管去做。

有些人對別人的作害毫不在乎，對他人的饒益也不知報恩，完全就像是海底的石頭，於眾生無利無害。這

五
不
放
逸

並非是他境界高所致，而是純屬放逸造成，法王就曾說過此種人應屬壞人。在我們未到觀待萬法皆是大平等性之境界前，他人饒益自己時應知恩圖報；他人損害自己時，雖說出家人不該報仇，但自己心裡也應明白事理，不應渾渾噩噩，好壞不分。

如是性情疏懶、所作所為皆屬無利無害之舉，這些均是放逸所生之過失，故大家應精勤不放逸而行。

少聞淺學無智者，急躁從事如湧潮，
隨心所欲亂身心，此乃放逸之過失。

孤陋寡聞、學問膚淺無智者，其性情急躁，做起事來就像湧潮一般隨心所欲，並因此而擾亂身心，此亦為放逸之過。

有一種人雖然對佛法聞思比較少，所學也僅是皮毛而已，亦不具有深廣之智慧，但其性子卻非常急躁，做事情時毛手毛腳。一件事情剛說個開頭，他沒聽完就急急忙忙去做，結果到頭來往往理不出個頭緒，事情做到一團糟時又不知該如何往下繼續進行，因此所做之事很難成辦。這些人的性格如同大海湧潮一樣，一波快似一波，一浪超過一浪，刻不容緩、馬不停蹄。他們遇事時從不冷靜思考，總愛魯莽行事，其結果不僅無法成辦所做之事，還會擾亂自己的身心，此等過失皆由放逸所生。

故我們在做任何事時，都應冷靜思維，理出所做事

之層次，然後再一步步去做，這樣才易成辦。如坐禪，不能一開始便坐在那裡「如如」不動，如此枯坐，日久難免會入歧途，甚至著魔。欲坐禪者，首先應向善知識請問坐禪次第及注意事項，問清楚都有哪些可靠的坐禪方法，中間若產生一些禪定境界又該如何深入下去且不執著，某些境界到底是對是錯等等。如是詢問清楚後再去參禪打坐，才不容易產生障礙。

總而言之，不論做任何事或修行，性子都不能太懶散，也不能太急躁，此兩種心態均應斷除。不緊不慢中依中道行持，則不論做事或修行都會有所成就。

雖無捨財布施心，不擅掌管自財食，

非空似空禁行者，此乃放逸之過失。

雖然無有捨棄財物以布施之心，但因自己不擅掌管財食而無可奈何地捨棄財食，還有那些行持非空似空的禁行者，此等均是放逸所生之過失。

凡夫雖可相似修持布施等六度，但未登地之前布施無法圓滿，捨心也不能達到究竟。雖然我們發願：為了滿足一切眾生之需，自己可以布施掉屬於自己的一切財物，甚至身體。但這必須從最微小的財物布施做起，以使自己的習氣日趨穩固，然後才可以逐漸布施大的財物。如果自己確已生起了布施之心，則布施財物肯定會有一定功德；若具足菩提心，則布施給眾生一點點財物都有無量功德，都將成為福德資糧。

但有些人卻並非如是，他們無有捨心，亦無有布施之意願，只是由於對自己的財物不擅長管理，故很多人以此為因占盡了他們的便宜。但人們即便用了他們的財物也不會領情，大家反倒認為這很應理，這些慳貪者原本就非善良之徒，用他們的東西本來就是不用白不用。若已有布施心，給眾人發放布施或讓大家使用自己的東西應具一定的功德；若無布施心，給大眾多少財物意義都不是很大，只能積累一點兒福報而已。

還有些人壓根兒就沒有證悟諸法空性之本體，但口中卻妄說一切皆空，假裝自己已徹證空性。他們會說什麼因果也是空的，解脫亦是空的……但其對自身卻非常執著，不僅平常很注意保養，更進而認為修法也屬一種執著，還不如睡覺好。如是惡空之見遍布，此亦是放逸之過。

總之，我們自己擁有的財物，應盡量供養給僧眾，因其他較貧困之僧人或許能用得上。自己除了保證基本的吃、穿之外，多餘的物品要盡可能供僧或布施給貧窮者，這種行為才會對你的今生、來世帶來正面意義！

《二規教言論》淺釋

慈悲心續未究竟，任諸怨敵恣意行，

眾前袒露自本性，此乃放逸之過失。

慈悲心還沒有究竟，卻任諸怨敵恣意而行；在眾人面前隨便袒露自己的本性，此等均為放逸之過。

悲心拔一切眾生苦，慈心予一切眾生樂。大慈大悲心若已究竟，則視一切眾生如己父母，怨敵亦如母親一

般看待，達到這種境界方才可謂怨親平等。此時對怨敵之損害絕不會在意，一定會安忍面對，因其已生起有情之損害正是助己修忍辱之方便法的定解。不過，若悲心等未臻究竟之地，此時亦對怨敵的損害毫不在乎，任其恣意而行，這就違背正理了，如果不願也不能制止怨敵的惡行，那只能說明你膽量很小，人很脆弱。如果身為在家人，當別人欺負之時，自己完全可以自衛並反擊，無能力者則可以上告，讓法律來制裁惡人。出家人雖不能報復，但也可以方便法遮止其行為。

有些人在眾人面前將自己的本性暴露無遺，比如若此人嗔心很大，他反而故意要在眾人面前大發嗔心；若貪心很大，則在眾人前也不壓制貪心，種種本性充分表徵於行為的方方面面。但他還自認為自己十分光榮、八面威風，實則為典型的愚笨者之行為。誠如《格言寶藏論》所云：「惡狗已見怨敵時，咬人之前狂亂吠。」而有智之人則不會將其本性輕易展示在眾人前，因而也不容易受到別人的攻擊、利用。

未證諸法如幻相，身語行為不約束，

故受眾人之呵責，此乃放逸之過失。

在還沒有證悟一切諸法均為如夢如幻之本性前，身語之行為就已無任何約束，放縱自恣。這樣發展下去一定會受到眾人的呵斥與責備，此亦為放逸所帶來的過失。

一切諸法在名言量中均依緣起而無欺顯現，密乘在

隨順眾生、抉擇世俗諦時亦如是承認。如果能真實證悟勝義諦的究竟實相，修行人則可如大瑜伽士一樣任意行持諸多禁行，而不會被過失染污。如奔跑、大聲呼喊，以及區分有寂時所顯現出的種種令人難以接受的行為。不唯密宗如是，顯宗中亦有濟公活佛吃狗肉、金山活佛示現瘋癲之行等公案。但若不具殊勝功德，未證悟此種如幻之境，然後就對自己的身口等行為不加任何約束，胡作非為，則眾人定會呵責你，並視你為瘋狂者。而你自己也會損害戒律與佛法，且最終因之而摧毀自相續。

未生厭世出離心，性情孤僻不合群，

自他諸現視如敵，此乃放逸之過失。

並未生起真正的厭離心，只是因為自己性情孤僻不合群，才對自他諸現視如怨敵，這也是放逸的過失。

修學大、小乘的共同基礎均為必須生起厭棄世間萬法之出離心，生起出離心後，才能進一步獲得別解脫戒，然後才可次第生起大乘菩提心。生起了出離心後，對輪迴諸法將不再有絲毫貪求，自己必欲安住在寂靜的山林中，像聲聞、獨覺一樣不與任何人往來，一心靜修解脫妙法。若真能如是，則非常值得隨喜讚歎。

如果未生起出離心，對輪迴中的所謂善妙之法仍有貪求之意，只是因為自己的性情過於孤僻，與眾人合不攏，才將自他的一切顯現都視如怨敵，認為諸現都對自己不利，這種非真實的「厭離」根本不能算是出離心生

起的標誌，它依然為放逸所生的一種過失。

　　本來修行境界越高，觀眾人也就越來越清淨，如一些高僧大德就有很多各種根性不同之眷屬，但這些人對他們的修行無有任何影響，反而會更加促進其行為的完善與圓滿。尤其在學院中，絕大多數道友皆是對佛法及業因果有信心者，不會也不可能誹謗上師與三寶，這裡可說無任何外道，條件、環境都非常有利於修行。在這樣的道場上與如是的道友往來只會增上自己的道心，因此一定要改正這種放逸所生的過失，大家應互相研討佛法，勸勉修行，共趨解脫之終極目的地。

　　　　彼違時境之正量，種種行為之過患，
　　　　　皆由未經細觀察，放逸之因所出生。

　　彼等違背時間、外境的正量，因自己的種種行為釀成過患，這都是由於未經詳細觀察、自我放逸而產生的。

　　在上述由行為放逸所引生的種種過患中，有些是因為時間、境遇未掌握好以致違背正量，如性情急躁與性情緩慢者，還有慈悲心未究竟等；有些是因為與外境正量相違，如不約束身語之行為，自他諸現觀如怨敵等。總之，上面所說的種種過失，其原因都是自己沒有詳細觀察、慎重取捨，且放逸身、口、意之行為而造成的。

　　　　倘若行為已偏袒，不能圓滿士夫義，
　　　　　謹慎密護諸威儀，猶如日月不著空。

　　倘若自己的行為已有所偏袒，則不能順利圓滿士夫

之義。故平時應謹慎密護自身之諸威儀，猶如日月不著於空一樣。

我們的日常行為一般不能有很大波動，首先，應用清淨的智慧詳細觀察：我一生當中主要應做什麼事，今生當中主修什麼法，依靠何種方法能使自身所願皆得圓滿……經過觀察認定之後再去實行，就可使自己的行為不發生偏袒。若開始時不觀察，中間任意妄行，那麼自己的行為就很容易墮於一邊，所做之事也不會圓滿。比如一個修行者若對自己的修行有長期打算，且能持之以恆、精進不輟，不會今天修這個法，明天又換修其他法，那他的修行很快就會修出驗相。反之，如果你今年對某種事物很有興趣，但明年卻又追逐另外一件事，這樣的修持恐怕一生也難有大的出息。因自己的行為已有偏袒，故不能圓滿士夫之義。這樣的話，別說究竟解脫之果無法獲得，就連暫時的人天福報也難獲取。

我們修學佛法，必須一生當中不停地學，不能今天學佛，明天去做道士，後天又想學做儒雅之士，如是則一個教派也無法學成，只能是空耗時間而已。同時在修學過程中亦不應該隨心所欲、左右搖擺，今天讀經、明天參禪等，應自己安排一個定課，不要太多，以免日久生出疲厭之心。念誦一部經都可以，只要天天不間斷地念；或者每天念多少心咒，看多少頁書等，心中都應有規劃，且一旦制定下來，每天若未能完成固定功課，那

麼即便不睡覺也應補上。如是日久功成，自然就會形成一種良善習氣，一生，乃至生生世世都可受用不盡。比如，如果每天念誦一萬金剛薩埵心咒，如是長期念誦下去，三十年便可圓滿一億遍。以此功德，決定可以懺清自己無始以來所造罪過，包括毀破密乘誓言的過失等。

我們一定要向高僧大德幾十年如一日的修行行為學習，使自己的行為也不發生偏袒，否則士夫之一切意義都將無法圓滿。同時，時時刻刻還應謹慎防護自己行、住、坐、臥之四種威儀，猶如日月在空中行走一樣，無有任何障礙，且需長年如一日地行持。此處「猶如日月不著空」是從不放逸的角度進行宣說的，與《普賢行願品》中的含義並不一樣。

日月每天準時而出、準時而落，同樣，我們學修佛法亦應如是而行：恆常觀察自己的三門，令其不放逸，加上又具足平常之心，故定可速獲加持。

言行舉止之定準，當依無欺如來教，

及與具相善知識，復次亦依自淨心。

言行舉止方面的定準，應當依靠無欺如來之聖教，以及具足法相之善知識的教導，同時還應依靠自己清淨的心。

上面宣說的一切行為都應注意防護，但以什麼作為定準來衡量法與非法的界限呢？可以依靠三個方面來確定自己的行為是放逸還是如法。

首先要依靠如來聖教中所宣說的道理作為定準。因為凡夫智慧淺薄，所作所為難以如量，而本師釋迦牟尼佛則智慧圓滿，故一切言行都無欺惑，不論從暫時還是究竟角度而言都可對眾生帶來根本利益，所以應依聖教抉擇——佛經中如何規定，自己即依此而行。

第二，應依靠具相善知識。此處之善知識並非指一切上師，而是指具足法相的恩師，因其已通達佛經密意，對一切行持及遮止之處亦無礙圓融，兼以具足大悲，故一定不會欺惑眾生。所以善知識如何規定，自己亦應依教奉行。

接下來的依靠處即是自己的清淨心。即不夾雜任何出於自私自利的貪嗔之心，以智慧善加觀察而得出的正量準則，不偏於親怨之任何一方，這種清淨心亦可作為判斷的定準。

如是依靠此三種標準，以智慧觀察自己的言行，則一切行為都會趨於善妙。

《二規教言論》淺釋

　　　　此三之外諸他語，皆為種種分別染，
　　　　親人抑或非親人，聽從彼等有何用？

除上述三種標準可以依靠外，其他之語皆為種種分別念所染，不論親人或是非親之人，聽從他們的言語到底有何作用呢？

除佛陀之聖教、具相善知識以及自己的清淨心外，其他人所說的話語基本上都夾雜了出自自私自利心態的

貪嗔等分別染污：有的是以貪心而說，目的是為了得到你的一些財物；有的是以嗔心而說，因其與某人有仇怨，但自己無能力進行報復，故於你面前搬弄是非，想借刀殺人⋯⋯至於現代人所著的一些書，也不同於過去的高僧大德為了眾生利益、以清淨心依聖教而做的宣說，而是不依靠任何教理，只依憑自己的分別念隨意撰寫而成，故對眾生無有根本利益。如是這些言語無論是父母親屬或其他人所說，聽從它們又有何意義呢？故不應盲目聽從，應依三種正量標準抉擇而行。

謹慎籌劃未來事，縱使失敗亦無悔，
事前細緻作觀察，無悔而住極為要。

　　如果對未來將做之事提前做好謹慎籌劃，那麼以後縱使事情失敗亦無有可後悔之處，所以事前應細緻觀察，以無悔而住極為重要。

　　我們擬做一件事情時，首先應謹慎籌劃，以自己的智慧詳詳細細地觀察其中每一個環節會出現什麼問題，若出現又應如何解決，不懂之處可以請教其他具智者。一旦做了決定，自己則應全身心投入，這樣一來，最終即使失敗，但因自己已盡了全力，故無什麼可後悔之處，內心可以安忍不動。

　　所以做事時不要莽撞，應先仔細觀察然後再去做，因以無悔心安住對我們而言是非常重要的。

如是無悔歡喜心，悅意無垢之月影，

由不放逸海中現，故當恆依謹慎行。

　　如是無悔的歡喜心猶如非常悅意的無垢月亮，其影像可從不放逸之大海中得以顯現，故當恆時依靠謹慎之態度精進行持。

　　悅意、無有任何垢染之明月，可以在清淨的無有波浪之大海中顯現。同樣，我們因為三門時時刻刻謹慎而行，一切所言所思所行皆如理如法，無有任何過患，依此今生當然可以得到安樂，來世亦能獲得解脫。這樣的話，內心自然無有憂悔，歡喜非常，這種心境毫無疑問是從平時不放逸三門中得來的。

　　有些修行者一生中都愁眉苦臉、悶悶不樂，心裡十分痛苦，但這並非是因對輪迴生起厭離心所致，而是其性格使然，這種心理狀態對修行也無多大利益。我們應該思維到底有什麼可憂愁之處呢？今生中已經享受到妙法的甘露美味，如果精進修行，來世之前途決定光明無比，必會得到大安樂，對此應生起歡喜心且勇猛精進才對。因此，大家都應生起無有憂悔的歡喜心專心修法，這樣的修法肯定易得加持。

　　以上已將有關不放逸之內容宣說圓滿。

《二規教言論》淺釋

六、正直

公平正直天人道，虛偽狡詐邪魔道，
趨入天道住天門，趨入魔道住魔門。

公平正直為天人之道，虛偽狡詐是邪魔之道；趨入天道住於天門中，趨入魔道則住於魔眾之門。

所謂正直，也即公正坦率，正直的人則叫正士。正直從大的方面來講，是指這人做事很公平，性格很直率，比較老實可信。不論世間法還是出世間法，都需要正直的人品，需要有一種高尚的道德行為，這一點不論在家還是出家都應具備。世間為官者若公正廉潔，其美名一定會傳揚後世，如包公、海瑞等典範都可謂千古流芳。如果不具足公平正直之美德，做事就不會如法，也一定會被眾人指責。公平正直者之行為，因與天人道同，故已入天人之道，今生中具足安樂且享有福報，來世則易往生極樂，趨入解脫。而那些做事狡詐虛偽、不依法而行及口是心非者，做事就不易成功，並且屬於邪魔之道。公平正直者趨入天趣住於天門前，很快便會進去享受快樂，亦即公平正直之人很快會得解脫；趨入邪魔道者已至魔道之門，若不謹慎，很快即會墮入魔眾中，從而感受無盡痛苦，無法得到解脫之樂。不僅如此，狡詐者不論做世間法抑或學佛均難以成功。

我們務必仔細觀察自己的行為，若不如法應立即改

正過來，千萬不要墮入魔道中，應趨入天道。

鄭重取捨苦樂時，自己如何他亦爾，

如是直士獲富樂，狡者與此皆相違。

鄭重取捨苦樂之時，應推己及人，如是直士獲得富樂，而狡詐者卻與直士所行完全相違。

每個人都希望去除痛苦、得到安樂，所以在做事時往往只考慮自己的安樂與否：美味飲食自己願吃，好的衣服自己願穿，輕鬆之事自己願做；不好的食品、質量差的衣服、勞累之事則一股腦兒全推到他人身上，如此行事非常不應理。當知自他同樣趨樂遁苦，故不應將自己的安樂建立在他人的痛苦之上。比如一切眾生都執著生命，都不願意死亡，我們被火燒時會感覺燙得難忍、痛得鑽心，而小螞蟻的身體雖然與我們大小有別，但被火燒時一樣會感受到劇烈的痛苦。所以我們不應為了滿足自己一時的口腹之欲，就去殺害其他眾生，當知我願如何，他眾亦如是希望。如是行持下去，則正士必可獲得無盡財富與快樂。如往昔諸佛將眾生看作與自身無二而修持，並終獲聖者之財與無死甘露。而狡詐者卻與正士所行相違，他們處處都為自己的利益精打細算，長此以往，這些人會令自己日漸貧窮、痛苦。

善加分析正士與狡者所行之差別後，當依正士之行，將一切眾生視如自己，即都乃渴盼離苦得樂者。如是精進修法，定能早日獲得解脫大樂。

《二規教言論》淺釋

賢者善行不讚頌，劣者惡行不呵斥，

恩重如山不在乎，慈愛如母無稍憶。

前時所作無反省，現時善惡無辨別，

如是混淆不清者，此乃非正狡詐相。

對於賢者之善妙行為不去讚頌，劣者之惡行也不作呵斥；不在乎對己恩重如山之士，亦不稍加憶念慈愛如母之人；前時所做之事不反省是對是錯，現在所行也不加辨別善惡。如是愚昧、混淆不清之作風，皆非正士，實乃狡詐者之相。

在此指出了狡詐者的法相。有些賢善之士，不論聞思修行，還是為人處事，處處都能為他人利益著想，行為非常善妙，本應值得讚歎，但狡詐者偏偏就不去讚頌；對於下劣惡人，他們不僅今日做一些損害眾生之事，明天依然如此，所作所行只知損人利己，不知有情之痛苦，唯以惡劣行為度日，而狡詐者對他們同樣也不進行任何呵斥；對自己有恩德者，如世間中之大恩父母精心撫育我們，才使我們能夠從無知而成長為人，出世間之大恩上師則為我們指明了解脫大道，恩重如山，但狡詐者依然滿不在乎，不知報恩；因前世因緣，有些人對自己很慈愛，如同母親一樣關懷自己，問寒問暖，但自己也不作憶念，完全漠視別人對自己的一番好意；過去由於愚昧無知做錯了很多事，甚至毀犯了淨戒，但現在還是不反省、懺悔由無知所造作的罪行，做起事來還

六
正
直

是不分辨善惡與否，心中對是非曲直茫然無知……如是是非善惡混淆不清者，非為正直之士，實乃具相之狡詐者。

了知狡詐者之相後，自己應經常反觀，自身所行是否與此相同，以此來改正自己不如法的行為。

寧與直士結怨仇，彼於己事尚有利，

不與狡者交親友，饒益彼等反遭害。

寧可與正直之士結下怨仇，然彼對於自己的事業尚會有所利益，也不與狡詐者結為親友，因對其饒益反而會遭到這些人的陷害。

《二規教言論》淺釋

此中直士包括一切高僧大德與公正老實之人。與直士交友，對自己有很大利益，但如果在處理問題的過程中做法不相合，或因前世業力所致，自己與直士結下了怨仇，這種局面對自己仍然不會帶來所謂的損害，相反還是會有一定的助益。因直士不會無緣無故地損害你，雖與你有一點怨仇，但此純屬私事，如果你未做錯事，他是不會平白無故地冤枉你的。若他人詢問你的情況，他必會一是一、二是二的從公正角度進行評價。對眾生有利之事，直士絕不會因為你們之間有了仇怨就從中作梗，他定會盡力相助。

但狡者的情況就全然不同，且不說與其結怨會遭其報復，即便與之結為親友也無法避免這些人的暗算。雖然你對他真心饒益，但因他本性原本就極為下劣，故不

會對你知恩圖報。涉及到切身利益時，狡詐者會不擇手段，甚至不惜損害你以滿其私欲。比如儘管平時你一直饒益他，但只要偶爾與他發生一點小摩擦，他便懷恨在心，一旦有機會便會變本加厲地損害你。所以說寧與直士結怨，亦不能與狡者交友。

故我們在與他人交往時，一定要觀察其為正士還是劣者。只有與正士為友，自己的修行才會得到助益。

直士正行護他人，情誼綿長如江河，

狡者交友為私欲，雖予慈愛終成怨。

直士以正行來護持他人，且與朋友之情誼綿長一如江河之水；狡者交友純粹是為了滿足自己的私欲，雖暫時予以慈愛，但最終會成怨仇。

直士常以正直之行為護持他人，正直者之間，其情誼綿長恰如江河水流一般源源不竭。他們可以長時間保持這種情誼，甚至在幾十年的交往過程中都不會紅臉，互相之間始終能保持諒解，不會因他人挑撥或個人利益驅使而中斷友情，正所謂友誼地久天長。正士對朋友既不會當面阿諛奉承，也不會喜新厭舊，正如《菩薩寶鬘論》所云：「不作面諛不喜新。」

而狡詐者交友只是為了得到一些利益，比如他今天請你吃飯，並非是以誠相待，而是想通過這種方便得到你的某一樣心愛之物。或者他今天請你吃飯，明天你若不回請，他馬上就會顯露其本性，因占不到便宜而斷絕

情誼。狡者交友，雖然暫時會給予他人一些慈愛或幫助，但因其目的不正，故最終定會與你結下怨仇。

我們也應對自己進行觀察，看看自己交友的目的是否純正。不要以為自己很了不起，自以為非常正直，說不定自己就是一個狡詐者。

直士之前天喜聚，直士順利抵天界，

直士做事極穩妥，直士國王亦勝任。

正直者面前諸天亦喜歡集聚；直士可以很順利地抵達天界；直士做事極為穩妥；直士即使做國王也可以勝任。

公平正直者因其行為善妙、功德超勝，故諸佛菩薩與護法天眾常常會於其前聚集，護法神也經常對他進行保護，聖者也常賜予加持，其行為、名譽與威望自然超勝他人。雖然同做一件事情，因有諸天護法相助，所以直士很容易就能成辦。比如，如果你身為僧眾執事，那麼在處理事情時就不應偏袒任何一方，應秉公辦理；日常做事時，自己應以身作則，然後再要求他人亦如是照做，如此則做任何事情都易取得成功。

直士憑其殊勝功德，來世可以非常順利地生於天界享受天人福報，又或者往生極樂世界等清淨剎土。直士在做事前就已做了詳細觀察，對於在完成此事之過程中有可能出現的違緣亦了然於胸，故而內心坦然而住，會極其穩妥地做好每一件事。國家君主本為全民之依賴

《二規教言論》淺釋

處，所以在處理任何事情時都必須做到公平正直，如是直士以其公正之美德，即使做國王也完全堪任。

聽罷對於直士功德的讚歎，相信每個人都願意從今天開始努力改正自己的行為，也力爭做一名直士。

　　所謂正直之功德，一切德中最超勝，

　　清淨世規之精要，無須饒舌讚歎之。

所謂正直之功德，是一切功德中最超勝的，它乃清淨世規的最精要之處，因此用不著在此饒舌讚歎。

正直之功德可以涵蓋其他一切功德，是所有功德中最為殊勝的功德。如果你是一名正直之士，你的行為一定會很穩重，也肯定具足清淨智慧，做起事來亦光明磊落、識慚知愧，而且在做任何事時，都不會放逸而行，直士還具備憶恩、報恩的品性，他們常常對他人行上供下施等善舉。正直之功德實為清淨世規之精華攝要，用不著在此處多費唇舌讚歎其功德。

一個人若具足正直之功德，則已具足一切功德，我們都應該依靠他，並隨學他的行為。

以上已將有關正直之內容宣說圓滿。

六
正
直

七、誓言堅定

何人事前所承諾，終無變更誓堅定，
若堅誓願獲自利，他眾亦信此人語。

任何人在事情未開始之前所做的承諾，應該永不更改，若其誓願堅定肯定能獲得自利，他眾也會頗為相信此人的言語。

麥彭仁波切將眾多格言中的重要及精華之義全部歸納在本論中，並分成十多個問題進行宣說，每一個問題對修行人而言都顯得非常重要。現在宣說有關堅定誓言的問題。

什麼叫做誓言堅定呢？如果他人有交付於自己的事情，自己也做了承許答應，那麼在完成此事的過程中，不管耗時多長，遇到多麼大的困難，自己也不應改變初衷，一定要爭取完成此事，這就叫做誓言堅定。此處所說的誓言，並非單純指佛法中所謂的誓言，而是泛指一切自己發願或答應他人時所做的承諾。龍猛菩薩於《親友書》中云：「當知心如於水面，土石之上繪圖畫。」此處宣說了三種人所發誓願之不同：上等人發下的誓願，猶如刻在石頭上的文字，縱經風雨侵蝕亦不會磨滅，他們的誓願非常堅定。我小時候曾在一些石板上刻寫過觀音心咒，如今，經歷了十七、八年的風霜日晒，這些文字依然非常清晰，由此即能看出此處所用比喻的

真實含義；而中等者發下的誓言就如土中的文字，很容易就被擦掉，也就是說此類人的誓言易受他人影響；至於下等人的誓言就好像水中的花紋，不需他人動手攪和，自己馬上就會轉變，他們極易捨棄自己的誓言。比如有些來寂靜道場求法的人，剛來時發願在此住五年、十年等，但不到三天，他們中的個別人便因生活中的一點兒小違緣離開了。

故堅定的誓言應如石頭上的文字一樣，始終不變，若能如是，今生中一切所欲之事皆可圓滿成辦——在佛法方面若誓言堅定，必可得到法益與上師三寶之加持，這樣一來，我們的生死大事就可成辦。如誓言堅定，所說之語不輕易改變，他人也會信任自己，自己的言語也具有威望與可信度，別人自然願意接受。

如誓言堅定，自他均能得益，諸事皆可成辦，故應堅定自己的一切誓言！

七 誓言堅定

以善觀察所承諾，壞劫之際亦不捨，
背棄誓願應生畏，違背國政尚不懼。

如果善加觀察後已做下了承諾，那麼即使到壞劫之際亦不應捨棄，違背國政時可以不生懼怕，但大家對背棄誓言卻應生起畏懼感。

做任何事情之前，自己首先應以智慧進行詳細觀察，看此事對自他是否有益、自己若中途遇到困難能否知難而進等。觀察後一旦做下承諾，中途就不應有任何

變化，乃至壞劫之際也不能捨棄誓願。（即謂即使世間毀滅，也不改變承諾。）若中間出現的只是一點兒小違緣，就更不能改變初衷。

從前有個皈依三寶的居士，外道抓住他後要求他捨棄三寶，否則就要殺死他。但他並沒有捨棄三寶，以致後來被外道殺害。但因其誓願堅定之故，再加上三寶的加持，被殺害時，他流出的血液皆為乳白色，並非紅色。我們對自己的誓願也應如這位居士一樣堅定。

有智者對違背國政不一定感到害怕，因此種行為最多令自己失去生命而已，但他們卻很害怕違背誓言，比如捨棄上師三寶、違犯戒律等，因如此行事不僅會使自己今生中所作皆不吉祥，還會遭遇很多違緣，並且後世也將墮入地獄等三惡趣中感受無量痛苦。文革期間，很多有智慧的僧人為了維護自己的誓願、不捨三寶，最後紛紛獻出了寶貴的生命，這些事例是很耐人尋味的。

《二規教言論》淺釋

作為一個出家人，對自己的戒律誓言應如命根一般維護，即使為之獻出生命也在所不惜。誓言果能如此堅定，則解脫決定有望！

> 不顧發誓或自語，彼者猶如篩子般，
> 洩露善妙之精華，僅依此理亦可知。

有些人不顧自己所發的誓言或自己說過的話語，這類人就像篩子一樣，會將善妙之精華洩露無遺，僅依此理即可推知此人好壞。

根據有無違背誓言和承諾，即可推知一個人的好壞。藏族人對發誓比較重視，他們會以上師、三寶與寺院等作為對境而發誓。比如若別人懷疑他偷了犛牛，此時如果他說：「我以拉薩的大昭寺發誓，我沒偷他人的犛牛。」則眾人就不會再對他懷疑追查。但如果後來得知犛牛確實是他所偷，則所有人都會對他產生極壞的看法，從此以後再不願與他來往。漢族人也比較重視一個人的說話方式與誠實度，比如若你今天說某人好，明天又說他壞，反覆無常、無有定準，則誰都不會再信任你，大家都會認為你很討厭。此等不顧誓言及言語者，就如同篩子一樣，終將漏失精華，只留下糟粕。依此道理善加觀察，即可推知一個人的性格、行為之好壞。

　　不顧誓言為人的最大過失，所有人都應力斷此過失。

　　　　　此人遠離諸天眾，如同枯樹無涼蔭，
　　　　　如是不得諸財富，於此勿庸稍置疑。

　　此人將會遠離一切護法天眾，如同枯樹無有涼蔭，如是此人也不會得到財富等善妙之物，對於此理不需要置疑。

　　枝葉繁茂之大樹，因為有涼蔭，所以自然會聚集很多鳥獸；如果是一棵枯樹，無法給人提供蔭涼，鳥獸自然不會集聚其上。同樣，如果自己違背誓言，失去精華之要，則如枯樹一樣，沒有絲毫價值，護法天眾也不會

114

前來保護，當然會遠離他。我們的名聲如果沒有護法的傳揚、加持，自然不會得到財富等物，對於此理，實在沒有任何可懷疑之處。

我們天天都在祈禱護法神擁護加持，但若不顧誓言，再精勤祈請也無濟於事。欲得護法加被，首先需堅定自己的誓言。

若人誓願愈堅定，則於彼人愈可信，
若愈成為可信者，則天與德亦會集。

若誓願能愈加堅定，則彼人亦愈加可信，如果其愈來愈成為可信者，則天與德愈會自然積聚。

如果此人從未違犯過自己發下的誓願，而且即便遇到天大困難也不退失初衷，其誓願反而越來越堅定，那麼其他人經過觀察後就會認定，此人沒有違背過他所發的每個誓願。因此眾人會越來越相信他，對他必會日益推崇、信賴，在別人面前也會廣宣並讚歎其功德。護法天眾當然更會傳揚其功德，漸漸地，在他面前自然可以積聚起一切世間福德與出世間之聖財，並得諸佛聖者之加持，從而安享暫時及究竟快樂。

所以，想要得到一切世出世間之天與德，首先應堅定誓願。

直士自己所述語，雖無大義亦不捨，
若具大義或發誓，永不違越何須說。

直士對於自己所說的話語，就算沒有大義，也不會

《二規教言論》淺釋

輕易捨棄；如果所說的是具有大義之語或是誓言之類的話，則永遠都不會違越，此理無需宣說。

直士對於細小的事情歷來都比較重視，自己所說的話，雖無很大意義，比如以前曾答應要送給他人一支筆，即使沒給也不會給對方帶來任何影響，但因他已說過贈送之類的話，他肯定會遵守諾言、慷慨給予，而不會隨便食言。如果微小之處都不捨棄的話，那麼對於今生來世具有重大意義的事情或發下的誓言，比如守持出家戒律、入密乘並依止上師等，直士絕對不會違越並因此而毀破誓言，此點無需多言。

得到國王地位，或得到一個如意寶，對我們來說意義並不是很大，這些只不過能使我們今生生活得富裕一些。但進入佛門並值遇密法等，對生生世世都有重大意義。故應珍惜此難得一遇之因緣，並護持所發誓言。

七 誓言堅定

劣者愛惜自生命，智者珍視自誓願，
劣者背棄誓願時，智者對此感稀有。

劣者對自己的生命非常愛惜，智者則非常重視自己的誓願。劣者違背、捨棄誓願時，智者對此感到非常稀有。

劣者與智者之間有很大差別。劣者對自己的生命感覺甚為珍貴，時時刻刻都不忘保護自己。一旦誓願與生命發生抵觸之時，他們會毫不在乎地捨棄誓言以保全生命。智者則對誓願更為重視，不會輕易加以改變。每當

見到劣者違背誓願，智者就會感到稀有並為之惋惜。

劣者的大名遺臭千古、代不乏人，如秦檜賣國求榮、陷害岳家父子等，這類人誠可謂遍布古今中外。文革期間，有些人捨棄誓言、破戒還俗，還有的甚至毆打金剛上師。不唯藏地，漢地也出現過這種罪惡昭彰之徒。如今，有些人雖出了家且進入了密乘，但後來卻又捨棄密法，為了一點兒蠅頭小利就捨戒還俗，這正應驗了麥彭仁波切在《悲哀之歌》中說過的金剛語：「三寶作證發誓顯密戒，欲換一杯酒或瞬淫樂，如是自心無有慚愧者。」

對於所發誓願毫不重視，遇到一點兒違緣便捨棄不顧，如是劣者之行徑，智者見後深感稀奇。

智者寧可捨生命，而不背棄自誓願，

劣者對此雖生奇，不思守誓之勝德。

智者寧可捨棄自己的生命，也不願背棄自己的誓願；劣者見到智者如此之行為後也會生起稀奇之想，但他們卻不思維守護誓言的殊勝功德。

世間人為了自己所做的大事可以捨棄身家性命，如「生命誠可貴」，但「若為自由故」，完全可將之捨棄，智者們亦如是護持誓言。漢地有些老和尚在文革期間，為了不捨三寶、護持出家淨戒而失去了自己寶貴的生命；藏地也有很多僧人不捨上師三寶，因不願脫下僧衣而遭迫害，甚至獻出生命。其實早在惡王朗達瑪滅佛

117

時，就曾殺害過很多不願還俗的僧人。這些頂天立地的行為確實值得後學欽佩、隨學，他們在世人面前樹立起了佛法僧的光輝形象。愚笨劣者見到智者如是之行為後，雖也感到很稀奇，但進而就會認為他們太缺乏見識，太過愚笨，不應該輕捨寶貴生命。頑劣者從不思維守護誓言的殊勝功德，他們根本不知道自己才是真正的愚者。

如果今生捨棄佛法，則生生世世都不會值遇佛法。智者護持戒律、守護誓言，雖為此而獻身，但馬上就可以獲得殊勝安樂，如上升天界或往生極樂世界等，並以此功德，最後定會圓成佛道。在入密乘得到灌頂之時，所飲用之誓言水，如果自己守護好誓言，則會變為金剛薩埵尊，使我們得到解脫安樂；若違犯誓言，則會變為九頭魔王，臨命終時痛飲自己的心血，使自己墮入金剛地獄。如破別解脫根本戒，亦將墮入地獄受苦。故有智者寧可捨棄生命，亦要護持誓言戒律。

故當斷除劣相續，恆住正士之相續，
所謂堅守誓願德，是諸世間之莊嚴。

所以，我們應當斷除惡劣的相續，恆時安住正士之相續。所謂堅守誓願之功德，乃一切世間之莊嚴。

通過上文對正士與劣士在各方面所做的分析比較，想必大家都已了知了其功德與過失。如果我們要做一個直士，那就必須斷除惡劣的相續習氣，並不再與具有

七 誓言堅定

這種惡劣相續的人接觸。正所謂「近朱者赤，近墨者黑」，常與劣人往來，自己非但不能改掉劣習，反而會更加增上劣習。故應恆常依止善知識與善道友，經常閱讀宣說真理的經論，使自己能逐漸安住在正士的相續中。以前有些高僧大德，未入佛門時也造過一些殺生等惡業，但後來依靠善知識與佛法，再加自己的精勤努力終於獲得了殊勝成就。

堅定誓言的殊勝功德，可以圓滿一切所願，並成就暫時與究竟之利益。它為世間一切之莊嚴，如同日月為大地之莊嚴。所有具智者都應牢記堅定誓言之理，這對一個人的學佛有莫大的助益。

以上已將有關堅定誓言之內容宣說圓滿，下面宣說回報恩德。

《二規教言論》淺釋

八、知恩圖報

> 若思此人於我等，乃是利濟之恩人，
>
> 了知其恩並報恩，此為高尚行為門。

　　若思維此人對於我等，乃是經常利濟的恩人，如是了知其恩德並報恩，此為高尚行為之門。

　　如是我們理應經常靜思過去，對於那些曾經幫助過、利益過自己的恩人，大家應反覆憶念其恩德，並盡力回報恩德。如能這樣做，則表明你已進入了高尚者的行為之門。

　　在此世間上，曾經在我們困難時周濟過一頓飯，或給予過我們真心安慰與鼓勵的那些人，都可算是我們的恩人。諸恩人中，以父母與上師的恩德為最大。如果沒有父母，我們不可能來到人間並長大成人；上師若未以悲心攝受我等，並為我們宣講佛法，我們又如何有能力取捨善惡、抉擇因果，並依此寶貴人身而得解脫？如果有人認為自己的父母不好、上師不好，甚至因此而捨棄他們，同時還自詡為具足功德、超凡脫俗，我們憑此就能做出判斷：這種人決定不會具足任何功德，只會是一個惡劣之輩。

　　大家不一定能報答得了別人對自己的恩德，但至少要知道他人對自己的幫助，此知恩也很重要。

> 何人不辨利與害，亦無相應回報心，

故除一切聖者外，誰願於他作害利。

何人如果不能辨別他人對自己所做的利與害，亦無相應的對其進行回報之心，除了聖者，有誰願意與這種人做害利之事呢？

有些愚癡劣者對於好壞混淆不辨，他人所作不管於己有利或對己有害，他們都馬馬虎虎、不加辨別，也不進行相應的回報。這樣必定會令有恩於己者傷心難過，對己損害者則暗自竊喜。

依菩薩戒所說，出家人不能報仇。但按世間人規，大丈夫有恩報恩，有冤伸冤，應做到恩怨分明，利害明辨。我們修學大乘佛法者，雖不應報仇，但應知道於己有恩抑或有仇，並對有恩者回報恩德。若不如是，不明辨害利，除了已經無有任何執著之聖者會對其經常愍念救護外，其他人誰也不會幫助他。

此種未達無分別之境就不辨利害之行為屬於劣者之行為，有智之士當捨棄此劣行。

顛倒饒益損害者，雖名為人實為鬼，

行為不應隨順他，更無何人願見彼。

顛倒饒益損害者，雖然名義上為人但實則為鬼，眾人在行為上不應隨順他，也不會有任何人願意見到他。

愚笨之劣者，當有人對他做饒益之事時，他本應存有回報之心，但此種人卻顛倒認為饒益者可能害怕我，或者想巴結我，於是便不在乎別人所作的饒益，反而會

《二規教言論》淺釋

大施淫威，於其作損害；相反，有些人經常損害、侮辱他，他卻不報仇，反而對其大加奉承並廣作饒益，且對其畢恭畢敬，猶如僕人對主人一般。之所以如此，可能是因他從內心深處害怕這類施虐者吧！雖然從形象上看他像個人樣，但其行為卻與鬼無別，所以應喚其為鬼。有些愚昧膽小之人對鬼供奉，不但不得利，反受鬼害；但兇惡之人不但從不供奉鬼，而且還經常咒鬼，然鬼卻對其非常畏懼，不敢作絲毫損害。對於這種如鬼一樣的小人之行為，我們不應隨順，亦不應與其交往，本來這種惡劣之人就沒有誰願意見到他。見都不想見，更何況與其來往呢！

我們不應顛倒利害，應隨順正士之行為，知恩且報恩！

一切殊勝直士者，雖受微利報大恩，
若有如是之美德，則定具足餘勝德。

一切具足殊勝功德的直士，即便得到別人很微小的利益、幫助，也必會大加回報。如果具有如是之報恩美德，則一定會具足其餘諸殊勝功德。

具有智慧、功德的直士，為人忠厚、品德高尚、知恩報恩，雖然只從他人那裡得到過很微小的利益，他們也會以大恩德回報，誠如世人所云：「滴水之恩，當以湧泉相報。」《格言寶藏論》中亦云：「猶如施一油柑果，法王待彼若王子。」此偈說的是：過去有位國王郊

遊，其馬因受驚而漂遊於荒野。正在飢渴難耐之際，一人將自身僅有的兩枚油柑果分出一枚讓與國王充飢。國王回宮後，對此人大加賞賜，且待他如同王子一般。

有人為報答他人恩德，必要之時，甚至不惜以性命回報，古今中外的歷史上都不乏此類直士。如果具有知恩圖報的美德，其餘諸種殊勝功德，如智慧、穩重等亦必定具足。

知恩報恩者，在世間法中被譽為直士；按出世間的標準衡量，他們亦會獲得功德，故我們也應具足這樣的美德。

何人若不報恩德，則彼無智無穩重，

有愧謹慎正直等，其餘諸德亦無有。

任何人若不知恩圖報，則彼人無有智慧，亦不會有穩重、有愧、謹慎、正直等其餘諸功德。

有智慧者，他們做事不會只顧眼前，一定會為以後及來世考慮。對於不報恩德者而言，任何人以後都不會再對其廣行饒益，善知識當然也不會攝受這種忘恩負義者。如是不報恩之行為對自己只有百害而無一利，若是有智者又豈能如此顛倒胡為？穩重者則隨順世與出世之二規，不知報恩實為世出世間共同不恥之行為，如是行為豈是穩重者之所行？具有慚愧者，對於自己所犯的錯誤必感愧疚，而不報恩者本不知恥，又豈會在意他人之譏諷？知恩報恩為直士之美德，直士恩怨分明，不會混

《二規教言論》淺釋

淆不清，不報恩者必定不會具有正直之功德⋯⋯以此推
知，不報恩德之徒當然不會具有其餘諸德。

　　若是知恩報恩者，共稱彼人聚天德，

　　以此德行能推知，彼人圓滿餘美德。

　　若有人不僅知恩且報恩，則以上所講之智慧、穩
重、有愧、不放逸等功德此人定會具足，世人也會共稱
此人已積聚起天與德；護法、天神當然會對他加被保
護，如此一來，世間之人天福報以及出世間之聖者功
德，他肯定也會圓滿具備。僅以此報恩之德行亦能推
知，彼人將圓滿具備其餘之美德。

　　以上已將有關回報恩德之內容宣說圓滿。

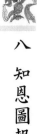

八
知
恩
圖
報

124

九、利他

若於他眾勤饒益，此人自臻圓滿因，
廣大財富勝妙德，皆從利他而出生。

如若對於他眾精勤饒益，此人自己也會漸臻圓滿之因，因廣大財富與勝妙功德皆從利益他人而生出。

利他之行本為大乘菩薩不共之心行，修學大乘佛法者，儘管已受菩薩戒，但若沒有利他之發心與行動，處處都為一己之私利而行，還大言不慚地自詡為大乘行者，這樣的「大乘菩薩」恐怕只能是徒具虛名而已。欲成為真正的大乘行者，首先應具利他之發心與行為。如果自己確已發起了菩提心，那就應該精勤不怠地想方設法饒益普天下之眾生，使他們都能獲得安樂、遠離痛苦，這實際上也是使自己達至圓滿佛地的唯一正因。釋迦牟尼佛往昔於因地時，就如是廣利有情、行持六度，結果他自己也因此而終獲佛果。法王如意寶亦於《勝利道歌》中說：「若欲長久利己者，暫時利他乃竅訣。」

我們大家都應明白，自己今生中所得到的廣大財富與勝妙功德，都是因過去曾經利益過他人所致。只有前世做大量的布施、供養，今生才會財富圓滿；若前世慳吝貪財拒不布施，今生則決定不會擁有廣大財富，此中道理恰如無因不會生果、榨沙不會出油一般。《佛子行三十七頌》亦云：「諸苦由求自樂生，圓滿正覺利他

成，是故己樂與他苦，真實相換佛子行。」由此即可看出利他行為之殊勝處。

雖然很多人都已知道此理，但能把它落實在實際行動中的卻寥寥無幾，這種知行分家的修行態度當然不好。我們務必改掉此種習氣、毛病，為了利益一切眾生，大家都應精進行持利他之行。

恆常希求自利者，初時雖能居高位，

其後逐漸趨衰落，猶如陡山水下瀉。

恆常希求自利者，初時雖能居於高位，但以後必會逐漸趨於衰落，其勢就猶如陡山之水下瀉一般。

有些人時時刻刻只想著自己的利益：他們希望得到舒適的房子、豐厚的財產、美味的飲食等等等等的個人妙欲，正因為如是思維，故其所作所為皆從一己之利出發。雖然這些人也會因為前世的因緣福德而暫時積聚起一些名聞利養，甚至位居高層，但因不懂恆長培植福德、利益他人的重要性與必要性，他們以後一定會逐漸走向衰敗，且其下墮之勢就像陡山瀉水一般，根本沒法加以阻擋。

當年的商紂王等昏君，縱酒貪色，只知吃喝玩樂，根本不理朝政，也不顧人民在水深火熱中的生活實際，結果他最後竟落得個國破家亡、自殺身死的結局。如今也同樣，如若做官不正，貪贓枉法，則好景絕不會持久，終有一日他會鋃鐺入獄、自食其果。普通凡夫如果也自私自利，日久則人人都會知其本質，並因此而討厭他，不願與

之往來。就算這些自私自利者出於各種目的而修持佛法，他們也無法圓滿所願，更談不上獲取究竟利益。

故為獲得暫時與究竟之利，大家應速速捨去自利之心。

恆時精進利他者，初時雖為賤奴僕，

此後逐漸至高位，猶如蒼龍騰空中。

恆時精進利益他人者，最初之時雖卑賤人微如同奴僕，但日後就會逐漸升至高位，猶如蒼龍飛騰入空。

如果經常利益他眾，那麼即便此人地位低下，甚或為他人之奴僕，但因其精進行持善法，其地位一定會越來越高。如古時之舜帝，初時為一農夫，因為對母親孝養，對他眾常能利益，最後終能一統天下。日常生活中也不乏這種人，他們往往從最底層之位漸漸升至具有名聲、地位之富商等階層。所謂從奴隸到將軍者，這類人很有可能就是因利他之行而獲至高位。

學佛之人雖然對世間八法看得比較淡，對地位高下也不大在意，但地位等世間法與佛法還是有一定的關係。如果你占據著一個一呼百應的位置，此時若能好好利用起來，不是可以更好地利益眾生嗎？若能善加利用名聲與地位，自然可以多做一些功德。

精勤利他者，就猶如蒼龍騰空而起一樣。春天，蒼龍從龍宮飛出，牠越飛越高直至竄上高空；夏天，牠則安住在天空中，行雲布雨。傳說如果春天站在高山上，通過陽焰水就可以看到蒼龍飛騰。

一切欲使自己的修法境界越來越高深者，都應該精勤行持利他之行。

愚夫貪圖自利益，唯有精勤謀自利，

然難成就自利益，即或成就亦微小。

愚者只知貪圖自利，他們恆時都在為自己精勤謀求利益，但越貪執反而越得不到，即使得到亦很微小。

愚夫對自己的利益很執著，每當其利益稍微受到一點損害，他們便無法忍受，並會想方設法進行彌補。此類人任何時候都在為自己的名聞利養而奔波勞碌，但他們卻很難成辦自利。比如一個自私自利者，若鄰居著火，他一般不會主動上前幫忙，因其認為大火又未燒及自家，何必要多管閒事，結果因為房屋相連，加上救火不及時，最後自家亦被燒為灰燼。還有些人為了種種個人利益、目的而奔赴疆場，結果利益未得，人卻魂飛西天。另有些人受利益驅使大做違法亂紀之事，如偷盜他人、公家財物等，即使他們暫時能得到一些便宜，但最後一定會被發現，那時不僅家中財產要被沒收，更要遭受拘役之苦。所以說自利之人，即使暫得一點兒成就，那種所謂的成就也決定微弱不堪。

智者雖亦貪自利，然其著重利他眾，

設若精進利他眾，間接自利亦圓滿。

智者雖然對自利也有所貪執，然而他們往往更看重利益他眾，如果能精進利益他眾，則間接亦會圓滿獲得自利。

此處之智者並非指聖者們。有一定智慧的人，因為還沒有斷除我和我所執，所以對自利還是有一些貪執，但其發心與行為基本上已是以利他為主。從直接方面來看，他們在為眾生謀取利益的時候，毫不顧己、一片赤誠；而從間接方面來說，雖然沒有想到自己，但自己的暫時與究竟利益必會同時圓滿。如牧區的牧民非常愛護牛羊，他們會專門修砌牛羊圈供牛羊休息，並將牛羊趕到水草豐美的草地上精心飼養；因冬天無有青草，牧民們則於秋天儲備草料，以使牛羊不會在冬天餓死。在利益牛羊的過程中，牧民自己的飲食和受用亦會得到滿足。再比如做生意者，他們必須先拿出本錢購買貨物方便當地人眾，且需經常不辭辛苦地從各地調進人們所需的物品。如是在精勤利益他人的同時，自己也漸漸富有起來，個人生活上的需求也都能得到滿足。

若認真思維以上所講之理，相信明眼人一定會明白欲求自利圓滿首先應積極利他的道理。

若欲今生或來世，成辦廣大自利者，

精勤利他勝方便，此乃諸佛菩薩道。

如果想於今生或來世成辦廣大之自利（最廣大的自利也就是成就佛果），則應精勤利益他人，此為最殊勝之方便法，亦為過去無量諸佛菩薩所行持之正道。

以上已將有關利他之內容宣說圓滿。

《二規教言論》淺釋

十、信心

若於具德之三寶，以及苦集滅道諦，

無欺因果之法則，生起信解謂信心。

如果對於具德三寶以及苦集滅道四諦與無欺之因果法則，生起了一定的信解，這就叫具足信心。

《華嚴經》云：「信為道元功德母，長養一切諸善法。」沒有信心，則一切出世之功德根本就無法獲得。寧瑪巴的修行人所主修的無上大圓滿法，也需要依靠對上師的信心才能證悟，而般若波羅蜜多亦需依信心方能證悟，佛於經中就曾說過：「舍利子，勝義諦唯以信心方能證悟。」要想往生極樂世界，也必須把信心當成必備之資糧。

那麼什麼才叫做信心呢？有些人對信心的定義不太明了，往往將歡喜心與信心等同起來，並且也不會區分貪心與信心的差別。有的人第一次見到某位活佛就歡喜激動得不得了，並以為這就是信心。但這種歡喜心是否就是真正的信心，還需要慢慢觀察。所謂信心的真實含義，一是指對於具有功德的佛法僧三寶能生起信解。這三寶在整個世界中最為無上，《寶性論》中宣說「寶」有五個特性，諸如三寶具有不可思議之加持力，是世間最高尚、最珍貴的等等。二是指對苦集滅道這四諦法能生起信解。苦即指三界輪迴之痛苦；集為痛苦之因——

業與煩惱的積聚；我們若想滅苦，就必須斷集，而這就需要修持資糧道、加行道等五道，最後才能現前本具之智慧滅諦。三是指對本師釋迦牟尼佛所宣說之無欺因果法則生起誠信。具備這些條件，就可謂之信心具足。

所謂四諦，若廣說即為十二緣起，至於因果方面的內容則可多看一些佛經論典，如《百業經》等，這樣自然就會對因果生信。自己有無信心，通過上述定義即可了知。我們大家都應該通過各種方法使自己生起無偽之信心。

> 信心乃為佛法根，信心能增福資糧，
> 具有福德之士夫，自然具足高尚行。
> 信心能除諸衰損，信心即為如意寶，
> 若具殊勝之正信，則必成就諸所欲。

信心為佛法之根本，能增長福德資糧，具有福德者，自然就具足高尚之行為。信心可以遣除一切衰損，信心就是如意寶，如果具有殊勝之正信，則必定成就一切所欲。

信心乃一切佛法之根本，猶如種子一般，有種子，苗芽才能得以生成；有信心，則可出生一切善法功德，《寶積經》、《華嚴經》等諸多佛經中都再再宣說一切佛法之根本就是信心。沒有信心，就不會皈依三寶，也不會希求妙法。

《大圓滿心性休息》中也宣說了信心之分類；《時輪金剛》中亦云：於諸佛菩薩前千百劫作供養，也不可能即生成就，但若對自己的金剛上師生起信心，就決定

能即生成就。如米拉日巴尊者依靠對上師的信心而即生成就；智悲光尊者讀《七寶藏》時，對無垢光尊者生起巨大信心，從而精勤祈禱並終獲成就；智者大師亦因誦《法華經》生信而見「靈山一會，儼然未散」……

若具足信心，福德資糧自然就會增長，具有福德之人，自然具足高尚行為，故應精勤修法以生發信心。

信心還能遣除一切暫時之衰損，以及以煩惱障與所知障為主的一切障礙，只要以信心祈禱上師三寶，則一切違緣皆可消除。信心就如同如意寶一樣，如果具此信心，今生與來世的一切所願就都可以圓滿，暫時之世間利益與究竟之佛果亦均可獲得。

是故欲修學佛法，具備信心就顯得非常重要。信心亦為七聖財之一，我們若能對上師三寶生起信心，加持自然就會如大雨般降臨。

十信心

> 佛寶法寶及僧寶，始終無欺皈依境，
> 彼具無量之勝德，故當恆時起敬信。

佛、法、僧三寶對我們始終不會有任何欺惑，是最值得信賴的皈依對境，彼等具有無量的殊勝功德，所以應恆時對之生起敬信。

《隨念三寶經》中廣講了三寶之功德，略而言之，佛陀如實證悟了法界實相；又以大悲心不捨一切眾生，為方便接引眾生趨入實相而宣說了無量法門，佛陀之教言即為無上法寶；依佛陀所宣說之正道如是行持者，即

為僧寶。聖三寶對我們自始至終都不會有一絲一毫的欺惑；今生以及後世，除了三寶可以作為我們的皈依境外，其他一切諸天鬼神都不能賜予我們究竟的安樂，當然也就無法作為我們身心的依靠。三寶實具無量無邊之殊勝功德，皈依三寶者，若其福德可以形色衡量的話，則整個虛空也無法盛納得下。所以我們理當恆時對三寶生起恭敬心與信心，如此一來，一切加持肯定會融入自相續中。

為了今生、來世不受痛苦，大眾都應對上師三寶生起敬信。

> 一切黑業白業果，始終不虛並成熟，
> 是故凡若自愛者，取捨業果當細緻。

一切黑業白業之果，始終不會虛耗並且一定會成熟，是故凡愛惜自身者，均應細緻地取捨因果。

黑業即惡業，白業即善業，眾生所造的善業將來會成熟善果，惡業則會成熟惡果。因果始終都不會虛耗，一定會成熟，不論時間多麼久遠，只要因緣具足，其果報就一定會現前。《百業經》云：「眾生之諸業，百劫不毀滅，因緣聚合時，其果定成熟。」

一切業果於實相中雖不存在，但在顯現上依然會毫無錯亂地存在並發生作用。釋迦牟尼佛為了表明業果不虛都顯現腳上刺入降香木刺與食用馬麥之報，更何況一般眾生！只要造業，其果必定會成熟，乃至二取執著未消盡之前，一定會感受業報。所以如果真愛惜自己，那

《二規教言論》淺釋

就應該審慎思維業果不虛之理並慎重取捨因果，且力求斷一切惡，行一切善。

為了自己後世不感受惡趣之痛苦，應該發願從現在起縱遇命難，亦絕不造作絲毫惡業！

現今即是業世界，此後乃為果世界，
故今自由自在時，應播善法之種子。

現今我們所處的世界為業世界，從此之後，則為果世界，所以在能自由自在的如今，應努力播下善法之種子。

我們現在所居住的南贍部洲為業力形成的世界，藏族亦有如是說法，即此世界為業世界，善惡業交雜在一起。我們每時每刻都在造業，而且業力成熟的時間也長短不一：有的上午造作，下午便會成熟果報；有的今天做，也許幾年之後果報才會現前；也有的今生造業，也許要等到來生或幾世之後才會成熟果報，此種情況就像不同的莊稼其成熟時間亦不相同一樣。

《俱舍論》中將業分為好幾類，諸如善業、惡業、定業、不定業等。依靠如今所造之善惡業，將來便會感受各自之果報，此即為受果之世界。比如今生當中，我們若能好好聞思修行、清淨戒律，來世就會轉生到善趣或往生清淨剎土從而感受樂果；反之則會墮入惡趣中感受無量痛苦。所以，在如今我們能自由自在地使用、支配此難得人身時，應該多播下一些善法之種子，這樣將來才不會感受苦果。

了知因果不錯謬之理後，大家便應多做善業，為後世積累福報資糧。

當觀眾生異苦樂，彼等之因皆為業，

此乃佛陀之善說，何人不思彼業果？

應當觀察眾生不同的苦樂，彼苦樂之因皆為各自所造之不同之業，此乃佛陀之殊勝善說，何人不應仔細思維彼等業果之理呢？

我們只要稍加留意就能現量觀察到眾生的苦樂，諸如旁生常受役使、殺戮之苦，其餘各道眾生亦需感受各自相應之痛苦，此等道理通過經論亦可了知。如人道之中，有者今生享受榮華富貴，衣食豐饒、家庭和睦；有者缺衣少食，沿街乞討，受盡奚落；有者雖然財富俱足，但奈何卻總是病苦纏身……總之，眾生各有不同的苦樂榮辱。

又比如道友們的情況亦各不相同：有的對上師很有信心，故修法就沒有太大違緣；有的則對上師信心較弱，且常常生病、內心煩惱不堪……為什麼眾生所感受的苦樂都不盡相同呢？其原因即是前世所造之業不同的緣故。此道理是釋迦牟尼佛曾於經中為我們宣說了的，對於一切智智的佛陀所講之善說，佛弟子理當深信不移。業因果之關係非常複雜，非是凡夫或二乘聖者所能完全、徹底通達，唯有一切智智的佛才能徹見業果。具有智慧之人，對於業果之理怎能不善加思維？除去愚

《二規教言論》淺釋

者，有智者定會深思業果之理。

我們若未對業果生起誠信，就應該多讀一些宣說業果道理的佛經，如《賢愚經》、《百業經》等，這樣肯定會加深大家對業因果的認識。

若於三寶及四諦，生起堅定信解心，

嗨呀則彼終獲得，殊勝賢妙之福果。

若對於三寶以及四諦法等生起堅定的信解心，嗨呀，則彼人終將獲得非常殊勝賢妙的福果。

如果因了知了三寶的不共功德，從而內心中生起了殊勝信解，知道三寶為無欺之皈依處，自己除了三寶之外再無可依之處；又深知除四諦法等佛法外，再無有值得修學之法，故下定決心今後縱遇命難亦絕不捨棄佛法！一旦生起了如是堅定不移之信心，此人就可謂已獲得了最殊勝之如意寶。嗨呀！這人終將獲得非常殊勝之福果，因一切所願能否如意與可否獲得加持均來源於信心，對上師三寶的信心愈大，則所得到的加持亦會越大。只要自己有信心，不用說暫時之安樂，即就是最究竟之佛果都可獲得。

十信心

人人都希望今生能獲得成就，既如此，那又為何不挖掘自己心中本具的無比殊勝之信心如意寶呢？故我們一定要以信心精勤祈禱上師三寶！

以上已將有關信心之內容宣說圓滿。

十一、布施

我今雖多積受用，死時必定留此世，
故當生起施財心，勤修今來圓滿果。

我如今雖然積累了很多資財受用，但死亡之時，這些東西必定會留於此世間，故當生起布施財物之心，勤修今生來世圓滿之果。

此處之受用即指財產。我們於此世間生存，需要有一些財產資具，但其多少程度則應以能維持自己的基本生活為衡量準繩。不過有些人卻特別貪執財產，一生都在為積累財產而奔波用心。雖然積累了很多財物，但死亡之時，根本無法將之帶走。況且別說帶走很多財產了，即就是一根針、一根線也都不可能帶去。就連自己活著時最貪執的身體，到時也不得不放下，每個人都只能依據個人業力而趨入後世。《大圓滿前行引導文》中亦說，國王臨死之時，眷屬再多也帶不走一個；一些大喇嘛圓寂之時，雖然有眾多徒眾，但一個侍者也帶不走。所以今生中所積累的眾多財產死時決定無法帶走，既然這樣，那為何還不趁擁有自由之時將此無意義之財產上供下施，以使自己今生、後世的福慧資糧更加圓滿呢？行持布施，將來一定會漸漸獲得如佛陀一般的殊妙色身，而且生生世世都不會再受貧窮之累。

我們很多人在沒有財產時都能想到布施，不過一旦

《二規教言論》淺釋

有了財產，卻又捨不得上供下施。其實自己平日也用不上這些財產，與其閒置不用，還不如早日布施為好，這樣還可為自己的後世積累一些福報資糧。

布施雖小果極大，受用雖多獲利少，

往昔布施今富足，今若未施來世窮。

布施的財物即便微小，但其所獲果報卻很大。自身受用雖然很多，但獲利卻極其乏少，因為往昔曾經布施過，故而今生才可享受富足之果報；如今若不布施，來世肯定會一貧如洗。

若能以菩提心攝持布施，則此布施即為圓滿佛果之因，故其因即使很小但果決定很大，哪怕只布施很少的財物，此福報也會在未得佛果之間永遠增長不盡。如同原先果樹的種子很小，然一旦開花結果，每年收穫的果實卻很多。一個人如果有很多的財物受用，但卻從不知供養布施，那麼他積累再多的財產也不會有任何意義。這就像未能將自己享用不完的種子播於田地中，只是將它們存放於倉庫中，結果種子非但不會增多，反而會發霉腐爛。往昔由於經常布施過，今生中才會財富圓滿，此富足絕非無因無緣而來。當我們如今擁有財富之時，若捨不得布施、慳吝固守，則來世必定會乏少財富，那時將不得不感受貧窮之果報，此為因果不虛之規律。

因此，在我們擁有一些財物之時，絕不應該吝嗇守財，而應以菩提心攝持廣作布施。

積累守護消耗等，財有甚多此過患，

　　縱彼財寶遍大地，凡夫貪欲尚不足。

　　財產需要積累、守護且易消耗，它有如是多之過患，而且縱使人們的財寶已遍滿大地，但凡夫人的貪欲卻永遠也不會滿足。

　　在積累財產的過程中，某些人起早貪黑、不分晝夜地如同餓狗一般到處尋覓財物，雖然極為辛苦，但所獲得之資產卻極為有限，如是於積財之過程中就已感受到奔波勞碌等諸多痛苦；有了財產之後，又擔心會被盜賊、水火等侵害，於是便又憂心忡忡地日夜考慮如何守護財產；最後，因為自己使用、盜賊竊取或水火災害而遭受損失等原因，財物必會逐漸消耗、減少，這樣一來，內心中又開始充滿憂愁痛苦。可見財物具有如是多之過患，然而凡夫人卻不了知此點，故而對其極為貪執、永不知饜足。縱然已獲得了遍滿大地的財寶，他們還會嫌太少太少，一定要想盡一切辦法去攫取更多的財物。凡夫的貪心始終都難以滿足，正如《佛子行》所云：「一切妙欲如鹽水，愈享受之愈增貪。」

　　既然財物具有如此之多的過患，有智慧者為何還不捨棄財產以息滅自己的貪欲呢？

　　日常衣食住處外，餘財無益痛苦因，

　　布施今生與來世，財富增上如湧泉。

　　除了日常之衣、食、住等基本所需之外，其餘財物

不但於己無益，反會成痛苦之因，若能用於布施，則自己今生與來世的財富定會如湧泉般增上。

欲界眾生需依靠飲食才能得以維生，缺乏適當的飲食資具，將無法存活於世。但除了日常所必需之衣食住等開銷外，其餘的財產對自己未必有利。比如縱然食物很多，但自己吃飽之後便無法過量享用；衣服再多，自己有一身可用以遮寒即可。而且多餘的財產，平常需要守護，死時又徒增人們的貪戀，它除了引發眾人的諸多痛苦以外，還能帶來什麼結果呢？相反，若能將餘財用於布施，則今生與來世的財富就會如夏天之泉水一般自然增上。比如若能為僧眾供齋，則今生當中就可使果報成熟。其餘之諸種布施，其果或遲或早也必將成熟，而且還會成倍增長。如昔日一對乞丐夫婦為了來世不受貧窮之苦，就以淨瓶裝水，並將僅有的兩枚錢幣放入瓶中以供養僧眾。以此福德，後世不論他們生於何處，出生之時，家中便出現水池裡有許多錢幣之瑞兆。像這樣僅僅以很少的財物進行布施，便能獲得如是之廣大福德。

了知了多餘財物乃為痛苦之因的道理後，大家理應將之用於布施，從而遣除不必要的痛苦，並為來世種下安樂之因。

布施長壽名譽盛，布施增德增安樂，
布施乃為增上門，然諸士夫恐耗財，

恆時積財不布施，若細觀察如旁生，

無常無實財富中，為何不取其精華？

布施可令施者長壽、名譽盛傳、增上福德與安樂，布施乃為增上之門，然而愚昧之士夫唯恐損耗財產，故恆時只知積累財富從不作布施。如果仔細觀察，這種人其實就像旁生一樣，在這些既無常又無實的財富中，為什麼不去取其精華實義呢？

經常對無依無怙之眾生施以無畏、布施生命，如放生等，自己毫無疑問會獲得長壽之果報；若常對貧窮眾生作財施，他們會心生感激並到處宣揚施主的善行，如此當然就會使布施者名譽增盛、功德增上；同時，見到他人因獲得所施之財物而生喜，自己內心亦會感到安樂。布施實為增上一切世出世間諸功德之門，但愚者因慳吝而不願布施，他們恆時只知積財，恰如旁生一般。如地鼠，夏天時一直忙於積累食物，但結果自己還未享用便已被他眾搶走。屋裡的老鼠同樣也很喜歡積累食品，牠們將偷來的糧食到處藏匿，然而一旦房主對房間稍作清理，這些老鼠便再也找不到自己藏匿過的食品了，這些眾生真是可憐之至！

一切有為法皆是無常之本性，我們對此無常之財物，不應貪執不捨，應從此無實法中取出精華，即用此財物大作布施，只有這樣，這些身外之物才算真正被用到了正途上。

《二規教言論》淺釋

希求佛法者，必要之時，連身體都應該布施掉，更何況財產？！大家從今往後都應該放下貪執、盡量布施。

　　當觀未用未布施，國王之財皆無常，

　　豈非曾以一口食，獲得輪王之勝財。

　　應當仔細觀察：若自己未使用，也未作布施，那麼擁有此財富還有何意義？豈不知過去之大國王，曾將天下資財都據為己有，但他活著時也只能享用少量財富而已，其餘的大量財產一分一毫也未能用上。而且一旦死亡，此諸多財物便盡成他人所有，可見國王之財亦屬無常。如果自己能用來布施，則生生世世都可盡享此布施所帶來的果報。如佛在世之時，具有盛德的薩迦國王只因前世對辟支佛曾供養過一個食團，結果就以此果報而獲得了轉輪王之勝財；我乳轉輪王亦因前世以一把豌豆供養德護如來，從而獲得了轉輪王等福德。

　　故應放下無常之財產，恆時做有意義之布施。

　　以上已將有關發放布施之內容宣說圓滿。

十二、得果

> 如是具慧穩重者，若以有愧不放逸，
> 公平正直誓堅定，了知報恩勤利他，
> 及起正信廣布施，則於一切今來世，
> 壽命長久無疾病，悅意安寧具財富，
> 眾人恭敬獲讚頌，福祿增上威德高，
> 超勝四方興事業，勢力盛旺如火燃，
> 一切安樂諸福德，如於彼前皆自住，
> 榮譽猶如天鼓聲，遍滿於此世間中。

此處宣說具足上述品格後所能獲得之安樂與聲譽。

如是具有無垢之智慧並且人格穩重者，其行為又有愧不放逸，為人公平正直且誓言堅定，知恩報恩，行持利他之行，對三寶生起信解，對眾生發放布施，也就是說若自己已具足兩種根本品性（具慧、穩重），加上又能以八種功德嚴飾以行持正法，則今生、來世，乃至生生世世之間都可獲得長壽、無病、悅意安寧、財富廣大、受眾人恭敬讚頌、福祿增上、威德廣聞、超勝四方、事業興盛、勢力猶如山火遇風般愈加旺盛等殊勝果報。也即是說，一切安樂與福德，無需希求自然就會於自己面前安住。所獲得之榮譽、聲望就猶如天鼓之聲，自然周遍於此世間。就像真正的高僧大德，如法王如意寶等人，因已圓滿具足以上所說之諸種功德，故其名聲早已傳遍海內外。

《二規教言論》淺釋

如是一切天與德，普願諸眾皆獲之，

以此等起所觸動，造此簡言易解規。

如是一切天與德，即世間與出世間之一切功德，普願眾生皆能獲得。以如此之發心為等起而觸動內心，故造此言語簡單、容易理解之二規論典。

此為作者謙虛之語，此論實乃意義深遠之殊勝教言，有智者應勤思其深義。

我於勝者與佛子，及諸正士之善說，

精通之故善宣說，如同空谷之回音。

我因對諸佛以及文殊菩薩、彌勒菩薩等諸大佛子，以及龍猛菩薩、月稱菩薩等正士之無垢善說精通之故，所以才善巧宣說此無畏教言。如同空谷中之回音，諸佛聖者如何宣說，我亦不與之相違而如是宣說，因之而無有任何障礙。

作者為使後學能對此論生信，故而做此頌對己略作讚歎。

然由無始惡串習，染污自之相續故，

高尚行為極鮮少，僅只仰慕善妙行。

雖然我已精通佛法之理，亦善於宣說，但由於無始以來惡劣習氣的串習影響，已染污了自己原本清淨的身心相續，所以自己極少行持高尚行為，只是在內心深處對善妙的高尚行為仰慕不已。

俗語云：「三歲孩童道得來，八十老翁行不得。」

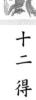

十二　得果

在當今這個末法時代，去聖愈遙，連能宣說善法者都變得極其稀少，能行持善妙行為者當然就更加罕聞了。

此頌為作者謙虛之語。

　　若諸眾生能行持，殊勝善妙高尚行，

　　於此極為隨喜故，願令他眾入此道。

如若有眾生能夠依此教言行持殊勝善妙之高尚行為，我在此亦極為歡喜地隨喜彼等，並願以此善緣令他眾皆能入於此勝妙之道。

此頌意在勸勉後人行持善法。

　　如是自心生悲憫，具慧尊者亦勸請，

　　故於人規論典中，稍作攝略而宣說。

由於見到眾生因不懂人規、盲目修法以致難獲成就，自心中不免對如是愚昧之眾生生起難以遏制的悲憫之心。同時又因具智尊者也多方勸請，故我從諸佛聖者所宣說之廣大人規論典中，以攝略方式將重要之義歸納集中而作如上宣說。

　　以此善根願諸眾，無勤趣入此妙道，

　　圓滿十種功德相，獲得天德諸莊嚴。

以此造論之善根，願一切眾生皆能無勤而趣入此善妙道中，圓滿上文宣說的智慧等十種功德相，並獲天德等諸種莊嚴。

此乃論尾迴向善根。

《二規教言論》淺釋

此論由歡喜行持無垢高尚妙規及具勝緣功德者——嘉靠公確勸請，嘉樣傑布讓當（麥彭仁波切）造於宗薩扎西拉哲處，願增吉祥。善哉！善哉！善哉！

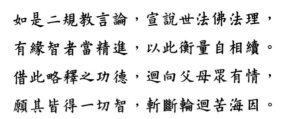

如是二規教言論，宣說世法佛法理，
有緣智者當精進，以此衡量自相續。
借此略釋之功德，迴向父母眾有情，
願其皆得一切智，斬斷輪迴苦海因。

索達吉
公元二零零三年四月二十五日於色達喇榮

十二　得果

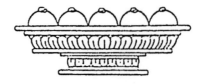

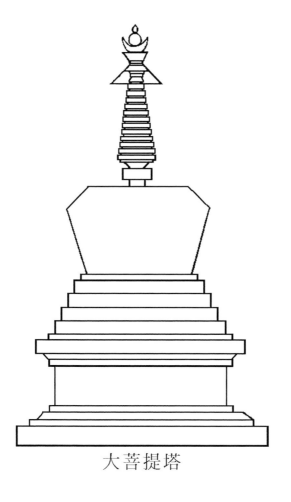

大菩提塔